后浪出版公司

Jeff Galloway

［美］杰夫·盖洛威 —— 著

尹芳 —— 译

不受伤，跑到100岁

Running Until You're 100

从20岁到100岁，上百万人受益的跑步法

江西人民出版社
Jiangxi People's Publishing House
全国百佳出版社

目　录

献　辞

Chapter 1　　**跑步令人生更健康、更积极**

你想有多积极？ ｜ 6

坚持就是胜利 ｜ 9

研究说明了些什么 ｜ 19

身体力行：身形良好所带来的变化 ｜ 25

如何随着年龄增长而越跑越健康 ｜ 33

随着年龄增长，跑步有什么变化 ｜ 36

目标和练习次序 ｜ 43

健康警报 ｜ 46

Chapter 2　　**盖洛威的"跑—走—跑"方法**

"跑—走—跑"方法 ｜ 52

"今天我适合多快的步伐？" ｜ 57

跑步者的装备清单 ｜ 65

生理改善在任何年纪都可以出现 ｜ 73

关键因素：长跑、斜坡和规律 ｜ 76

成熟和更快的步伐 ｜ 82

令跑步更轻快的训练 ｜ 91

用于计划、评估和激励的个人日志 ｜ 95

正确跑步姿势的原则 ｜ 99

坚韧不拔的精神 ｜ 108

Chapter 3　运动营养学

针对年长跑步者的建议　|　118

我们需要补充维生素吗　|　132

为什么甩不掉脂肪　|　135

如何燃烧更多的脂肪　|　145

为了以后的人生——燃脂训练　|　149

控制吸收脂肪的方程式　|　152

血糖指数优秀＝动力　|　161

交叉训练：在双腿休息时变得更好　|　165

上半身的交叉训练　|　169

玩具：心率监测器和导航仪　|　173

Chapter 4　如何解决问题

对抗炎热　|　180

出现问题的原因　|　187

不良反应及对策　|　190

处理受伤的方法　|　199

选择一双最舒服的跑鞋　|　208

衣着温度计　|　213

有助跑步的产品　|　216

训练的首要因素　|　219

献　辞

　　凯蒂·盖洛威（Kitty Galloway）81 岁的时候，参加了桃树 10 公里公路赛（Peachtree 10K Road Race）。一年前，她虽然顺利完成了赛事，但一切已经改变——凯蒂从不抽烟，医生却在她敏感的气管里发现了一个肿瘤，而且位置靠近心脏，并不适宜动手术。

　　尽管如此，医生还是勉强同意了凯蒂想赛跑的决定。倒是我曾经多次让她慎重考虑，参加 7 月 4 日在乔治亚州炎热的亚特兰大举行的斜坡 6 英里[①]赛是否明智。她以沉默代替回答，但我感到自己的劝告反而令她下定更大的决心。她在成长中经历过经济大萧条，也许因此更不想放弃——报名费不能退回，钱不能白花。

　　如果气温能维持在初始的 16 摄氏度，我相信她应该不会有大问题。不幸的是，她被分到了最后一组，起跑时间比较晚，每过一分钟，温度都在上升。她知道自己在跑到第三英里的时候遇到麻烦了（气温超过 27 摄氏度，湿度也高），但仍然坚持跑到第四英里的标记处——卡地亚克斜坡。那时，她看起来已经筋疲力尽。

　　几分钟后，亚特兰大的城市清洁车开过来了。大多数参加过桃树公路赛的人都知道且害怕这辆"龇牙咧嘴的清洁车"，因为一旦

————————

[①] 1 英里约为 1.6 千米。

它追上你，就代表你的比赛结束了。凯蒂却不介意，因为她已经尽力了。

　　然而这次，清洁车却停了下来。凯蒂示意司机继续前行，司机却把脑袋伸出车窗外，告诉她，她和其他参赛者一样重要，他会把清洁车一直开在她的后面，直到她完成比赛。这恰恰是她所需要的。这真是一场战斗，你无法想象她是怎样脚下生风，最终一路昂首迈过了 6.2 英里的标记处。

　　凯蒂就是一个活生生的例子，告诉了我一些生活中的基本原则：永不放弃、把握好每一天、迎接挑战并竭尽全力。她最后一次参加桃树公路赛时精神抖擞、昂首阔步，18 个月后，她走到了人生的终点。她是我的母亲，也是我心中的英雄。

Chapter 1

跑步令人生
更健康、更积极

你想有多积极？

我认为当跑步和休息达到平衡时，它便能够：

· 使你达到最佳态度
· 增强活力且持续一整天
· 成为最棒的减压工具
· 使你获得非常大的成就感
· 提高你的体能表现
· 比任何活动更能同时改善身体、思想和精神
· 以很多独特的方式令你的生活改善

如果运动是一种可控制的药物，它会成为最常被开出的处方。如果跑步是一剂对抗抑郁或提升活力的药物，效果会一鸣惊人。运动能带来无限的好处，但没有哪项运动能像跑步那样把所有的利益最大化。

跑步能刺激身体，全面改善身体机能和精神面貌。研究显示，每周进行大量的运动，可以延长人的寿命。常年跑步可以加强耐力、提升体能，从而培养积极的人生态度，直至生命的最后一日。

通过平衡压力与休息、健步走和跑步、营养和运动，每个人都能较强地掌控未来人生路上可能体验的活力。本书的目的不仅仅在于帮你开始跑步或鼓励你坚持到100岁，还能让你找到一些实用技巧——如何进行调整，以令自己享受每一次跑步。

接下来的几章，你会看到关于跑步和衰老过程的研究中所发现的诸多好消息。的确，我们的身体素质在逐年降低。但我也了解到，数以千计的跑步者把越来越多的休息和健步走加入到跑步的过程中。结果近乎神奇：他们在六七十岁甚至80多岁的时候，跑步和生命的质量依然非常高。

我们不知道自己将在哪一年离开这个世界。但是，如果你在心中计划跑到一个世纪那么久，并做出相应的调整，那么每过10年，都可以预期并获得更多的活力。积极的精神愿望，加上正确使用工具，你便能主宰自己的精力和健康。

下一节，你会读到一些发人深省的故事。主人公们在七八十岁甚至90多岁的时候，迎接了一个又一个生活和运动中的挑战。这些榜样向我们展现了人类精神中的积极因素。当你真正参与其中并跑到终点线的那一刻，才能体会到其中妙不可言的快乐。

本书中对大家最有帮助的训练内容，莫过于我的"跑—走—跑"方法。目前，我知道有数以千计年过五旬的长者采用这种方法重新开始愉快地跑步。有些人通过加入健步走间隔，缩短了自己的完赛时间。毫无疑问，这种方

式能够延长你的跑步寿命。

　　书中的许多建议帮助了数千人，令他们体会到跑步为晚年生活所带来的快乐和自由的感觉。我希望你在不让自己受伤的情况下，享受跑步的乐趣，平衡疲惫感。30 多年来，我通过辅导 20 多万名跑步者，得出了这些建议。所以，请系上你跑鞋的鞋带，加入到甚至 80 多岁还在跑步的年长者跑步大军中，像刚过 20 岁的年轻人一样，享受跑步吧！

坚持就是胜利

几年前，我认识了一位93岁的高龄长者，他曾经参加密歇根州弗林特市的热门项目——Crim 10英里赛。谈起这场赛跑，他就像20岁的小伙子一样兴奋，思维则比一些年轻赛跑者还要清晰。最近，有份新闻剪报报道一位101岁的长者参加了资深田径运动会的赛跑，创造了新的世界纪录。事实上，如果你能坚持跑到100岁，就有各种机会创造新的纪录。

可惜的是，许多年过五旬的人觉得他们不可能或不应该增加运动量。有相当一部分人认为，对于年逾花甲的人来说，从久坐的生活方式转变为长跑训练是不可能的。我亲爱的母亲最初也这样认为，后来却发生了改变，我也从中受到了启发。在本节中，你会认识几位突破传统限制、出人意料的"普通人"。他们会告诉你，从健康旅程伊始，就应同医生保持联系。

患癌的跑步者

1996年，李·丘帕克被确诊患有乳腺癌，伴有淋巴结。她开始以手术、化疗和放疗的方法来治疗。李以前从来不运动，诊断结果对她造成了重大打击，治疗过程也极度考验着她的身心和意志力。

直到 2000 年，她的情况仍未见好转，且大多数时间都感到很糟糕。某天早晨，她醒来后决定要开始好好地照顾自己。就在那天，她聘请了一位私人教练。到 2001 年，她每天都坚持步行，后来还加入了跑步。李在 2002 年参加了历时 3 天的 60 英里乳腺癌慈善竞走，并成功筹到 3000 美金。

完成慈善竞走活动的艰难和相关的训练严重打击了她的积极性，外伤和疼痛也需要较久的时间恢复。李挣扎着，终于在 2003 年 12 月重新开始规律地跑步。2004 年新年过后，李设定了一个更宏大的目标——在 11 月完成一场马拉松长跑。然而，她选择的训练项目并不科学，在 9 月，她受伤了，却并没有放弃。

2005 年年初，李从医生处获准可以继续跑步，她选择了我的保守训练项目。我与李通过电邮沟通，常常发现她有抑制不住的精力和动力。因为李搬去墨西哥湾沿岸地区，志愿为卡特里娜飓风做善后安抚工作，所以她的陆战队马拉松（Marine Corps Marathon）训练比大多数人更富挑战性——在筋疲力尽的日子里挤时间长跑。不知何故，她还参加了徒步、骑行和皮划艇；在这些"休息日"的时候，她就不跑步了。

她还定期接受癌症指标测试的检查。如果测试结果显示她处于正常范围，且医生也认为她的生命近期不会受到威胁时，便继续跑步。"我不知道自己的未来会怎样，如果明天癌细胞扩散了，我想我会接受的。我已经拥有这么美好的人生，从未像现在这样健康快乐过。肿瘤医生不明白那爆发性的活力和内啡肽是如何改变我的。"

　　李正在为 3 个半程马拉松而训练，下一年的目标是 3 个全程马拉松。"我非常感恩自己得了癌症，因为生活从此变得越来越好，好到无法形容。如果必须在患癌前的过去和患癌后的现在中做出选择，我肯定选现在。过去的我沮丧、超重、消极，天天坐在沙发上看电视。现在的我，天天都精力充沛、开心、积极，热爱生活。我热爱自己的身体，热爱跑步的人生。"

五旬人生路，因跑步而改变

　　10 多年前，卡西·卓思（Cathy Troisi）曾耐心聆听了我在波士顿开设的跑步课程。当讲到"跑—走—跑"的方法时，我发现她的精力和专注度发生了变化。卡西在此之前从不跑步，她想参加波士顿马拉松赛为慈善活动募款，但觉得自己太久没有活动，可能没法跑步了。连资深跑者都告诉她，过了 50 岁再去跑步，关节有可能会受损疼痛。

跑前的生活方式	从不参加任何体育活动（除了高中的体育课）
第一场马拉松	花费 6 小时，采用跑 1 分钟、走 1 分钟的方式
12 年后	已参加 147 场马拉松、29 场超级马拉松，还在继续着
12 年中的受伤次数	0
12 年中筹得善款	超过 7 万美金

　　然而，"跑—走—跑"的方式带给了卡西希望。6 个月后，她在电话里兴奋地向我讲述，她完成了人生中第一场马拉松。她的兴奋到现在也没有冷却。

面临的挑战

- 关爱家人
- 拥有两间幼儿园
- 女儿患癌，卡西一直在照顾她和孙子们
- 家族性高胆固醇

跑步带来的益处

- 健康和个人能力的提升，不再视健康为想当然
- 更注重饮食
- "我感觉不到自己的年龄。"（尽管现在年过六旬）
- 遍布全美国、志同道合的新朋友
- 丰富的旅行经历，同大家分享
- 以积极的态度面对未来，尤其在遇到困难的时候
- 做义工的机会，回馈社会

愿望

- 女儿摆脱癌症（病情正在改善）
- 向大家展示，随着年龄的增长，没必要刻意减少体育运动
- 降低胆固醇（效果正在显现）
- 完成每州一程马拉松的任务（已经开始第二轮）

　　"跑步是生活健康的灵丹妙药，它令人身体健康、神清气爽、心情愉悦。这项简单的体育运动令衰老的过程更加健康。跑步只需

要简单的装备，却提供时间让我们反思，和大自然以非常经济的方式亲密接触，并且突破了年龄的障碍。"卡西·卓思如此说道。

62 岁，一场速度更快的马拉松

能够结识乔治·席恩（George Sheehan）医生并成为朋友，对我来说如获至宝。他不仅是一位伟大的跑步大使，而且由始至终都是一位激烈的竞争对手。在他 60 岁生日之前，乔治·席恩决定减少跑马拉松的次数，采用"半程跑步退休"的方式，从每天跑 5 英里调整为每隔一天跑 10 英里。由于充足的休息和持之以恒，他在 62 岁的时候达到个人马拉松的最快纪录——3 小时零 1 分。

80 多岁，创造马拉松纪录

梅维丝·林格伦（Mavis Lindgren）从小到大都体弱多病，医生建议她不要运动。在她近 60 岁时，差点死于一次肺部感染。恢复过程中，一位年轻的新医生反其道而行之，建议她应该和老公走一走，并且不断鼓励她增加健步走的长度。

令人惊喜的是，梅维丝从中找到了快乐。随着运动的增加，她感受到了身体的苏醒。她在 60 多岁的时候和丈夫卡尔一起跑步，并很快超越了他。80 多岁时，她创造了该年龄组的纪录，而且从开始跑步起就再也没患过普通感冒。

她在 85 岁高龄时，参加了波特兰（位于俄勒冈州）的马拉松，在 20 英里的水站处，因踏在杯子上而滑倒了。负责人把她扶起来，希望把她送到医疗帐篷，却被轻声拒绝，她说只是皮外伤而已。当她完成整个赛程，来到医疗帐篷检查时，才发现跑步的时候一只手臂已经断了。

我们怀念梅维丝，她乐观、积极、淡定、坚强的精神会永存人间。

单腿的跑步者

当你因为脚疼或双腿没有年轻时有活力而感到难过的时候，想想凯莉·勒基特（Kelly Luckett）。凯莉在两岁的时候失去了一条腿，从没想过能正常的活动或运动。作为一个久坐不动的伴侣，她看着自己的丈夫变成了跑步者，并数次参加了亚特兰大桃树公路赛，而这项赛事有轮椅组。凯莉多年来都在使用假肢，但一直认为普通的运动对她来讲已是不可能的事。

2003 年，她决定参加桃树公路赛，开始健步走。她克服了许多由于假肢机械原理所带来的困难，不断调整自己。由于桃树公路赛是跑步比赛，凯莉因此尽力去跑，虽然每次只能持续 30 秒。她放弃了无数次，但每次都重新来过。

慢慢地，她开始进步，逐渐适应了装备。她和 55000 名参赛者一起完成了个人首次桃树公路赛。在她参加我的跑步培训前，从未了解"跑—走—跑"的方法，根本没有想到她能跑到 6 英里那么远。我们第二年仍保持联系，改善了她的训练和个人"跑—走—跑"的比率。我从来没有辅导过意志如此坚强的运动员。

她的第一次半程马拉松很艰辛，她告诉我，自己无法想象以任何速度完成两倍的路程。接下来的 6 个月，我们不断调整"跑—走—跑"的比率，最终，凯莉以 6 小时 46 分完成了乡村音乐马拉松（Country Music Marathon）比赛。在赛事的最后 10 英里，她超过了相当一部分选手，并获得了全世界最著名的"波士顿马拉松赛"的资格。

凯莉是完成这项高级赛事的第三位截肢女性。她的训练最终得到了回报，时间缩短了近 20 分钟！下一个挑战是 50 英里。

唐·麦克内利（Don McNelly，2006 年 85 岁）

- 700 多次马拉松
- 体重 210 磅[①]
- 身高 6.25 英尺[②]
- 48 岁开始跑步
- 第一次马拉松：1969 年波士顿
- 70 岁前参加了 400 多次马拉松
- 每年最少完成 25 次马拉松
- 婚姻持续 64 年，仍继续着
- "这是我一生中最快乐的日子。"

认识唐的人就知道他总干些与年龄不符的事："……精力旺盛、头脑清晰、口齿伶俐，没有任何听力、视力、记忆衰退的迹象。"他从 48 岁时开始跑步，差不多 10 年后，于 1969 年完成了第一个马拉松——最后一次不需要时间资格的波士顿马拉松。

他会进行较短距离的跑步和健步走，在马拉松和超级马拉松里也加入了健步走。

他希望父亲也可以跑步或健步走，但是没有机会了。他父亲两侧的髋关节都必须置换。唐知道跑得过快或超过了一个人的体能限

---

① 1 磅约为 0.45 千克。
② 1 英尺约为 0.3 米。

制会导致关节问题。"我当然也很羡慕强壮和意志坚决的竞争者，但是我也见过太多仅仅跑了数年就放弃的人。"除了体型和体重，他没有什么大问题。

唐跑遍了 5 大洲的 20 个国家，包括美国各个州以及加拿大的所有省份。他期望能够加入 90 多岁的年龄组。

诺姆·弗兰克（Norm Frank，2006 年 74 岁）

- 900 次马拉松
- 仍坚持跑完所有的马拉松
- 他是一家草坪维护公司的老板，现已退休，住在纽约州罗彻斯特和佛罗里达州的新里奇港
- 当下目标：完成 1000 次马拉松
- 诺姆在年轻时，马拉松的时间约为 3 个半小时，他连续参加了 30 次波士顿马拉松
- 他完成了全美 50 个州的每一个马拉松

瓦利·赫尔曼（Wally Herman，2006 年 81 岁）

- 接近 700 次马拉松
- 依然坚持跑马拉松
- 住在加拿大的渥太华和佛罗里达州的沃斯湖
- 他完成了 99 个不同国家的马拉松
- 旁观者说状态好的时候，他可以在 5 小时内完赛

我的长期英雄

整个童年时期，我一直是个体重超重、不爱运动的孩子。但我也像许多别的男孩一样，希望可以像爸爸——他是我们州的足球运动员。我在 8 年级的时候尝试了足球运动，但它并不适合我。我爸觉得跨国跑步比赛对我来说也许更好，果然，他是正确的。

在我读高中和大学的时候，体型变得越来越标准，脂肪都燃烧掉了。与此同时，我爸变得装腔作势，越来越不爱运动。最令我烦恼的是他越来越消极的态度。我的直觉告诉我，运动才能让他感觉好点。当肯尼斯·库珀（Kenneth Cooper）医生在 1968 年出版了《有氧运动》（*Aerobics*）一书后，我买了一本给父亲。他在一两天内读完了所有内容，却依旧纹丝不动。我提议他和我一起在他办公的写字楼前，绕着公园走走，他反而跟我抱怨静脉曲张和过敏所带来的并发症。这两种病症我都不太了解，所以没法说服他。

他在 52 岁的时候参加了高中同学的聚会，正是这场聚会令他清醒了。茅特利高中足球队的 25 名队员中，13 人死于生活方式退化性疾病。开车回家的 3 个半小时里，艾略特·盖洛威（Elliott Galloway）意识到，如果他再不改变不健康的生活方式，可能就没

机会参加下一次同学聚会了。

第二天，他决定绕着写字楼前面的高尔夫球场跑步。尽管绕着比足球场还小的地方跑步，他的两腿却很快没劲儿了。两天后，失败感驱使他又增加了一些跑量。大概一年后，艾略特·盖洛威的名字已经出现在桃树 10 公里公路赛完赛者的名单上了。7 年后，他轻了 55 磅，一直坚持跑马拉松，其中一次所需时间少于 3 个小时。自从开始规律的跑步后，静脉曲张和过敏症已经远离了他的生活。

鉴于多年以来的心律不齐，医生在他 75 岁的时候下令不得参加长跑。但是他和医生商量后，终于被允许参加 1996 年波士顿第 100 届马拉松，以此终结长跑生涯。我荣幸地成为他的配速员，从起点霍普金顿到终点波士顿的路上，我俩边跑边走，谈到了历史和马拉松的回忆，这一路上都被人群鼓舞着。

我们拐了个弯，看到了终点线，父亲开始冲刺了。当他看到那座钟时，就决心打破曾经的时间障碍。我们做到了 5 小时 59 分 48 秒。他向所有问起这场比赛的人说，如果不是我令他降低了速度，他可以跑得更快……我也不和他争论了。

父亲已经 90 岁了，每天都面临着因为肌肉和听觉退化而带来的种种挑战。母亲的离去，对他来说更是一个重大打击，他们已经结婚相伴 63 载。然而现实中，他决心每天最少行走 10000 步。当这些事看起来真的很难时，我和父亲一起上路了，就在他曾经开始的那个场地，迈开双腿，"一次走到一个电线杆"。

他是我心中的英雄。我希望等自己老的时候，还能像他一样。

研究说明了些什么

"每运动一个小时，你的寿命就延长了两个小时。"

越来越多的证据显示：跑步和健步走可以带来有质量的生活，延年益寿；如果姿势和方法正确就不会伤害关节。但是每年我都听到一些思想保守的医生发表对跑步持有偏见的声明。他们不阅读研究报告，错误且坚持认为人类不适宜跑步。本节是你的研究指南，可以帮助你自行决定是否可以跑步。

我和许多医学专家一致认为，通过定期、柔和的跑步及健步走，大多数人可以改善他们的心血管系统，同时减少关节损伤。首席学者拉尔夫·佩芬贝格（Ralph Paffenbarger）医生的临床实验发现，每运动一个小时，寿命就能延长两个小时。这是一项回报多么丰厚的投资啊！

但是，一些急于求成的人却忽略了自己当下的能力，跑得过多、速度过快，从而造成一些骨骼问题。由于不同的个体存在许多差异，所以尤其是在衰老的过程中找到该领域的医学专家，对你来说非常重要。你要和他保持联系并解决出现的问题。

人类是适宜长距离的跑步和健步走的。在 2004 年 11 月的《自然》期刊中，作者丹尼尔·雷柏曼（Daniel Lieberman，来自哈佛大学）和丹尼斯·布兰堡（Dennis Bramble，来自犹他大学）声明，化石证据表明，古代人通常跑得很远。这些专家们指出古代人的脚踝、脚后跟、臀部和其他部位的生理机制一直在演变。根据他们和其他科学家的大量研究，我们可以说人类生来就会跑，长跑则是一项生存技能。人的身体和心灵都适合轻柔且规律地跑步和健步走。某些专家甚至认为，古代的人类祖先们先会跑，后会走。

年长的跑步者比年轻的跑步者进步得更快。在 2004 年 8 月号的《英国体育和医学》期刊中，皮特·约克（Peter Jokl）医生说："人在六七十岁的时候还能保持非常好的表现。"这项研究发现，50 岁以上的跑步者比起年轻组的选手，在纽约马拉松赛里成绩提高得更多。

运动延年益寿

延长寿命和每周消耗的热量有关。拉尔夫·佩芬贝格医生从 20 世纪 60 年代开始为美国公共卫生机构所做的综合性研究受到了高度赞扬。研究结果发表在 1995 年 4 月号的《美国医学协会》期刊上（联合作者李医生和谢医生）。结论是，随着运动量的增加，所有重大疾病导致的死亡率均会下降。从统计学的角度推断，经常运动的人比久坐不动或极少运动的人更长寿。他的扩展研究也显示了燃烧的热量越多，越有利于人类健康。

从 60 岁起开始运动能延长寿命。肯尼斯·库珀（Kenneth Cooper）医生是库珀诊所和库珀有氧运动研究学院的创办人和主管，他围绕此主题在各个方面做了大量的研究。研究结果揭示：所有年龄层的男人通过规律的运动都可以降低 60% 的心脏病发作，而女人降低的比率为 40%。

女性在生育年份进行规律的运动能降低患乳腺癌的概率。《国家癌症研究院》期刊如是报道。

随着年长的跑步者每周延长跑步里程，他们罹患心脏病的风险会降低。《国家跑步者健康研究》的调查显示，随着跑步者每周延长跑步里程，他们会降低整体胆固醇中"坏"的低密度脂蛋白胆固醇的比率。长里程的跑步者还能降低心脏收缩压（心脏收缩时所测得的血压），同时减少腰部和臀部的脂肪。每周跑步超过 40 英里的跑步者低密度脂蛋白会减少，心脏病发作的风险降低了 29% ~ 30%。

运动降低妇女的死亡率。莱森娜（Lissener）等医生针对瑞典妇女进行广泛研究，得出此结论，并发表在《美国流行病学》期刊上（1996 年 1 月）。研究人员还发现减少体育活动会增加死亡风险。谢尔曼（Sherman）等人发现运动最活跃的妇女，死亡率降低了 1/3（《美国心脏》期刊，1994 年 11 月）。

规律的运动会减少结肠癌和消化道出血发病率。一些研究显示，规律的运动者罹患结肠癌的概率降低了 30%。帕赫（Pahor）等报道了消化道出血的研究（*JAMA*，1994 年 8 月）。

思维更加清晰。1980 年《老年医学》期刊里的一篇评论——《身体健康、衰老和心理运动速度》发现，规律的运动者在认知功能测试中表现更佳。

降低抑郁，态度积极。伊森克（Eysenck）等人发现，经常活动的人比久坐不动的人更具适应性（*Adv Behav Res Ther* 期刊，1982 年）。佛肯（Folkins）等人展示了运动可以改善自信和自尊（《美国心理学》期刊，1981 年）。维尔（Weyerer）等人的研究报告指出，既

运动又参加心理辅导的病人比只参加心理辅导的病人恢复效果更好
（《运动医学，1994 年 2 月》）。马丁森（Martinsen）等人发现运
动能有效对抗严重抑郁（《英国医学》期刊，1985 年）。卡门彻
（Camancho）等人发现新加入的运动者与规律的运动者患抑郁的风
险相差无几（《美国流行病学》期刊，1991 年）。

跑步和关节健康

　　跑步不会令关节易患关节炎。丹·沃洛斯基（Dan Wnorowski）
博士已撰写论文评论跑步对关节健康的影响。他认为过去 10 年围
绕此主题的大多数文献，并没有发现任何证据证明跑步会增加关节
炎的风险。沃洛斯基还说，最新的 MRI 研究说明马拉松跑步者膝
关节半月板异常的患病率和久坐不运动的人并没有分别。

- 研究表明，关节的活力完全取决于关节是否保持在运动状
  态。——查尔斯·荣格（Charles Jung），医学博士
- 我们没有看到马拉松跑步者关节受伤的次数超过久坐不动的
  人。简单的说，运动越多的人，关节受伤越少。——P. Z. 皮
  尔斯（P. Z. Pearce），医学博士
- 跑步至少能保证 12 年内不得骨关节炎。——BBC 网站
- 无痛跑步或其他有氧运动可以令你保持健康、精力充沛、延
  年益寿。——吉姆·弗莱（Jim Fries）教授，斯坦福大学
- 人们曾经认为持续不动可以预防关节炎或防止脆弱的关节受
  到进一步的损害。更多最新的研究显示恰恰相反。——本杰
  明·艾伯特（Benjamin Ebert），医学博士，哲学博士

· 体育运动和娱乐活动会导致关节不可避免的磨损，科学研究证实这一概念可以废弃了。鲜有专业或业余长跑者的关节严重受伤，许多规律的跑步者能够回忆起他们跑了多久以及跑步的频率。——罗斯·豪萨（Ross Hauser），医学博士；马里昂·豪萨（Marion Hauser），医学硕士、注册营养师

年长的跑步者疼痛及行动不便的概率只有从来不跑步的人的1/4。弗莱等人的研究证明。

跑步或慢跑不会增加骨关节炎的风险，尽管传统医学上认为它是一种损耗疾病。弗莱医生的研究报告发现。

下肢过早退化性骨关节病和长期远距离的跑步没有关系。帕努什（Panush）等人的观点（*JAMA*，1986），研究对象都是50岁以上的人，平均跑步12年，平均每周跑步28英里。

跑步者没有增加患关节退化病的风险，激烈的运动会增加关节受伤的风险，但是跑步使关节受伤的风险很低。莱恩（Lane）等人发表《跑步、衰老与骨关节炎的风险：5年纵向研究》。研究的跑步者从50岁到72岁，结果和1989年的研究结论相似。

跑步和其他运动相比，更不会造成膝盖退化。库加拉（Kujala）等人发表《昔日跑步者、足球运动员、举重运动员以及射击运动员的膝盖骨关节炎》（《关节炎与风湿》，1995年）。

平均年龄超过 66 岁的跑步者和不跑步的人相比，放射性骨关节炎不会加速恶化。莱恩等人发表在 1998 年的《风湿病学》期刊。

年长的个体患有膝盖骨关节炎（非末期）可以从运动中受益。艾亭（Ettinger）等人发表在 1997 年的 *JAMA*。

坚持一生长跑的人几乎没有患骨关节炎的风险。康拉森（Konradsen）等人发表在 1990 年的 *AJSM*，研究了一群倾向于滥用骨骼极限的人（前专业跑步运动员），40 年来他们每个星期要跑 20 ~ 40 公里。其他有趣的研究还包括莱恩等人发表在 1989 年 JAMA 上的文章，以及库加拉等人发表在 1995 年的《关节炎与风湿》上的研究。

身体力行：身形良好所带来的变化

刻意改善的人类

当我们规律地进行耐力运动时，体内会产生许多积极的变化。我认为这要归结于原始祖先们令人体逐渐适应了长距离的跑步和健步走。假设我们的身体设计的目的是为了长距离的前行，那么就丝毫不用感到奇怪，为什么我们在跑步的时候会感觉良好了——因为我们在回到人类的根。

人体是懒惰的吗

也许"懒惰"这个词有点太过了。我们说人总是希望以最小的工作量来储存资源，如果久坐不动，心脏会慢慢降低它的效率，沉淀物积累在动脉中，肺部也会因为使用不足而效率低下。只有当我们把这些重要的健康成分放入一个温和的测试中——例如长跑，人体才会被迫以不同的方式来响应并获得改善。

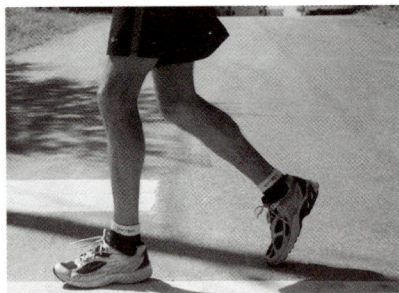

协作

在行动的时候，心脏、肺、肌肉、肌腱、中枢神经系统、大脑和血液循环系统就设定为一个工作小组。右脑直觉地解决问题、处理资源，指导我们向跑步和健步走所带来的健康方向发展。

你的腿部肌肉能协助血液泵回心脏。通过逐渐增加跑步量，人体会产生非常健康的肌肉。它们在输送血液的时候变得更强、更有效率，并把废物通过系统排出后再把血液送回心脏。有些研究心脏的心血管专家认为，获得耐力训练的腿部肌肉所产生的聚集效应可以把大量的血液输送到心脏。

为什么长距离的运动可以保持心脏健康？你的心脏是一块肌肉，能对耐力训练产生积极的反应。随着每周长跑距离的逐渐增加，心率也小幅度增加，就能让这块最重要的肌肉保持最适合的状态，一颗强壮而有效的心脏就能不只在你运动的时候更有效率地输送血液。心脏专家说这样"健康"的心脏可以持续地有效抵抗心脏病。

但是，如果你的饮食尽是动脉堵塞的食物，那么强壮的心脏也没法让你对心脏病免疫。现在已经显示，高饱和脂肪和反式脂肪饮食会大幅度增加心脏病和中风的风险。

肺

在长跑中，肌肉需要氧气，必须有足够的氧气供应来燃烧脂肪。每块肌肉就像一座工作着的工厂，由成千上万个运动细胞组成。但不像有些工厂的工人，它们可是充满激情且尽职尽责的团队成员，全天 24 小时、一周 7 天都准备着令我们移动——甚至当我们一次又一次地让它们活动得特别远时。即使是少量的、缓慢的跑步，也会把它们组织在一起为我们服务，刺激它们直到精疲力竭。

脑内啡止痛，令人感觉良好

团队中另一个很重要的成员——脑内啡，管理着肌肉疼痛并能带来积极的提升。

什么是耐力运动

耐力的精髓就是走得更远——坚持足够久地进行一项运动，身体就能自然找到最有效率的移动方式，比如处理能量、输送血液等。对于未训练到的肌肉，10 分钟的跑走结合就能解决。当我们回到这个门坎的时候，目标是一周进行两节为期 30 分钟的跑走结合，同时提升现有的耐力极限。

压力加休息改善成绩

当我们比上一个月所跑的量有所增加时，轻微的压力也会令肌肉细胞和肌腱等崩坏。如果之后得到充分的休息（通常为48小时），它就会复元并令人体变得更加强壮。

一切始于系统受到轻微压力

隔日运动的时候，身体开始逐渐适应目前的速度和距离。如想改善耐力，可尝试延长跑走时间。当你超过目前的距离限制时，疲劳的肌肉纤维会超过负荷。其后的半英里或一英里跑步时也许没什么感觉，但第二天就会出现肌肉疼痛、疲倦及步履不稳等状况。

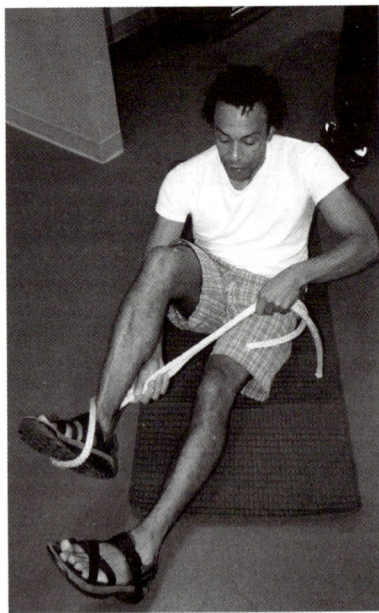

观察细胞内部，你会发现细胞膜内有一个个洞，它能吞噬线粒体（细胞内处理能量的单位），令糖原（运动初始15分钟输送能量的物质）大大减少。运动中会产生一些废物，甚至还有肌肉组织以及辛苦劳动后的滞后效应。有时，会冲到血管里，动脉也会出现血液渗透到肌肉的情况。

身体恢复后更强壮

轻柔的过度使用身体，会告诉身体必须得到改善。肌肉因为锻炼而得到恢复，而整个身体系统也因为挑战而更有效率，在未来能处理更多压力。

如果休息得够好，在未来两天内再观察细胞内部，你会发现细胞膜变厚了，有能力接受更多的工作了。线粒体的体积和数量也增多了，因此下次就能处理更多的能量。血液系统的损害也复元了，废物亦已被移除。几个月后，在逐渐适应了一系列的增加后，体内产生了更多的毛细血管（血液系统中的小指头），改善并拓宽了氧气和营养物质的输送，同时也能更有效地移除废物。

这些仅仅是神奇的人体在生物机能、神经系统、力量、肌肉效率等全方位运动时，所展现出来的一部分适应性，心理质素同样会随着身体的改善而得到提升。由于身体的健康和表现得到改善，也会带来更积极的态度。这也是为什么跑步者显示出比以前更积极的一些原因了。

优质休息是关键：48 小时

没有足够的休息，身体就无法快速地恢复，或者按照原本的速度进行恢复。我所说的锻炼后的休息并不是整日卧床。如果你在早上锻炼的时候相当辛苦，下午进行轻柔的健步走训练，就会恢复得更快。跑步之后那天，轻柔的运动是不错的，比如健步走。交叉训练章节也提到在轻松跑步日里还有其他选择。

重建压力肌肉细胞的关键是避免在跑步锻炼后 48 小时内过度使用小腿肌肉（如楼梯机、踏步有氧运动及鞍上旋转）。如果你因个人弱点产生了其他疼痛，更不能再做运动使情况恶化。只要你不再继续让小腿肌肉产生压力，大多数的交替运动都是没问题的。

　　如果你没时间在非跑步日进行交替运动，不要因此而感到内疚。交叉训练并不是提高跑步水平的必要因素，为什么还要进行这个训练呢？因为它能帮助那些希望燃烧更多脂肪的人。与此同时，许多新的跑步者很喜欢跑步后的感觉，希望每天都能达到这种状态。即使连续跑步两天产生了很多损耗，也比隔天跑需要更多的恢复时间。一旦当你发现交叉训练模式更有效时，就能每天都享受运动后的光彩了。

垃圾里数

　　有些初跑者在跑步初期本来应该休息的日子里又"偷偷"跑了几英里，自我感觉良好。他们往往在欺骗自己，假装这种短距离的跑步不曾发生。问题在于这些短距离的跑步虽然提升了你的调节能力，却不能令肌肉得到必要的休息而全面恢复。

　　这些跑步被称为"垃圾里数"。跑步和跑步之间最好相隔 48 小时——标准的、业内已证明的恢复时间。通过轻柔的提升——也就是本书在训练计划中提到的，你的身体会变得比以前更加强壮，从而迎接新的挑战。

规律

　　要保持适应性，你必须隔 2~3 天进行规律的运动。间隔时间更长，会导致之前你所培养的能力丧失，重新跑步也就更难了。保持规律地运动是最佳策略。

肌肉记忆

当你在一段稳定的时期规律地运动时，就会产生肌肉记忆，即你的神经肌肉系统记忆肌肉活动方式的过程。规律地健步走和跑步的时间越久，在你罢工之后就越容易重新开始。跑步的第一个月内，如果你错过了 3 天跑步，就要花一周的时间恢复到之前的水平和状态。但是，如果你规律地跑步 6 个月，即使有 3 天不能跑步，再跑步时也丝毫察觉不到任何中断。

有氧运动和无氧运动的区别

有氧意味着氧气的存在。如果你在进行有氧跑步，跑步的速度就要慢到足以维持当下的体能，这样肌肉才会获得足够的氧气来处理细胞内的能量（大多数情况是燃烧脂肪）。有氧运动产生的废物也能轻易地消除。

无氧跑步，也就是对你来说跑步的速度过快或距离过长，你的肌肉无法获得足够的氧气来燃烧最有效率的燃料或脂肪，后者就会转化为储存糖或糖原。这些燃料产生的废物快速堆积在细胞内，令肌肉紧张、呼吸粗重。如果持续无氧跑步，你会不得不大幅度降低速度或停止

跑步。无氧跑步也需要更久的恢复期。

快缩和慢缩

为什么有的人可以跑得快，有的人在一段时间内却是缓慢而安稳的呢？几十年前，通过研究肌肉纤维，神秘的面纱被揭开了：那些具有更多快缩纤维的人可以在短距离内很快提升速度；而具有大量慢缩纤维的人就不会跑得很快，但是可以保持长距离的跑步和行走。所以不论你天生是哪种，都应该感谢父母赐予你的能力。

快缩纤维具有爆发力，但之后产生的疲劳也会令我们陷入困境。在这些肌肉很健康的时候，你很容易就能在跑步初始达到比你预计还快的速度，并且感觉不到速度过快。大多数快缩纤维者不能理解为什么他们在跑步结束前就"没油了"，因为初始跑步时所感觉到的速度是很轻松的。快缩纤维的优先燃料是糖原（储存糖）。它们燃烧快速，产生大量的废物，进而带来疲惫感。

对于快缩纤维者来说的好消息，是更长的长跑能令他们逐渐演化成慢缩纤维者。当你逐渐延长长跑的距离时，就会重新募集肌肉纤维并开始燃烧脂肪。对于快缩纤维者来说，长距离训练中最困难的就是在起跑的时候降低速度。但是，一旦速度得到控制，快速跑步者就会发觉他们在跑步结束时不那么累了，并且能大大提升自己的耐力极限。

慢缩纤维者自然而然地就能燃脂，所以天生适合有氧运动。但是他们不同于快缩纤维者之处在于，燃脂的人没法参加速跑训练以锻炼爆发力。所以，慢缩纤维者不能指望在终点线前冲刺来赢得比赛。

如何随着年龄增长而越跑越健康

· 掌控好训练节奏，在需要休息之前就休息

· 开始一项有挑战性的锻炼时，尽量避免跨越自己的底线

· 随着年龄增长，尽早尽可能多地使用"跑—走—跑"的方法

· 在鞋穿坏之前换掉它，准备两三双鞋更换

· 饮食中杜绝饱和脂肪和反式脂肪

· 每隔两三个小时少量进食

· 使用训练日志：提前计划、记录、调整

· 加入休息，降低跑步速度，不要等筋疲力尽了才这么做

· 通过健步走和按摩（多数为自我按摩）保持肌肉、肌腱的活力和韧性

· 每周执行一个跑步项目：景区跑步、社交跑步、公路赛跑、郊野跑步等

· 在训练日志里记录下自己的跑步过程

· 当你不确定跑步技巧是否正确时，跑得轻松点

· 态度积极

跑到100岁的关键就在于维持健康和营养，在力所能及的情况

下，尽可能有规律地运动，以确保能适应你正努力完成的目标。本书里的建议可以让大家在适当的年龄付诸行动，享受跑步的快乐，同时减少痛楚。

每年都有几百位跑步者跟我交流，他们在 60 岁后才开始穿上跑鞋。全世界跑步人群增长最快的群体之一是 80 岁以上年龄组。我见识过也听说过一些 90 多岁的长者，大约每隔一天跑一次步，依然红光满面、精神矍铄。跑步也是为数不多的能让长者乐在其中的娱乐项目之一。可以肯定的是，随着年岁的增长，我们的态度也需要更加谨慎，因为适用于 20 多岁的训练方法可能令我们受益，也可能让我们受伤。

成熟的心理令大多数跑步者的注意力更加集中，并能够有效地组织训练。30 岁到 40 岁出头的跑步者往往不用专注于特别锻炼计划或休息平衡就能改善自身。但在某些时候，疲劳和受伤会让许多人错误地认为，他们年纪太大而不能跑步或已经错过了跑步的黄金时间。

我幸运地得知，几千名 50 多岁的跑步者（有的 60 多岁了）在他们体能并非最佳的时候，却比自己三四十岁时跑得还快。如果你想提高成绩，本书提供了一些指南，可用于改善你的注意力、耐心和平衡感，尤其是压力和休息的平衡。当跑得越来越快，人到中年的自我就会感觉到精彩的提升，然而，最慢的步伐、最慢的跑步者，同样能获得跑步带来的最高奖赏。

从许多方面来说，跑步对于年长的跑步者更为重要。即使其他体能下降了，多数跑步者仍可比以前跑得远。随着年龄的增加，我们变得越来越自省。跑步者们花了很多时间用于调节体能、解决问题和感受之后的快乐。不论你是 9 岁还是 90 岁，跑步都可以不分年龄地提升积极的态度，产生活力。

　　本书会指导你如何掌控一生中比较重要的跑步。你会了解随着年龄的增长而需要调整的因素、理想的休息长度、插入休息的时间、步伐调整及健步走间隔等。如果你想提高跑步成绩，书里还讲述了经过验证的方法和能够提高的程度。书中的这些工具可以帮助你掌握跑步的过程，培养积极的态度。

　　本书书写了一个又一个跑步者的故事。它是我 50 年跑步经历及过去 35 年以多种方法"辅导"20 多万名跑步者的结晶。但书中的所有建议均不是医学专业建议，因此如果希望得到专业医学的帮助，请咨询医生或适合的医学专家。

随着年龄增长，跑步有什么变化

正如前文所讲，研究显示，随着年龄的增长，跑步者的关节问题未必多于不常跑步的人。但是我也知道，有些跑步者忽略了基本常识，多次挑战警示牌，令自己受到了永久性的损伤。我敢确定的是，如果定期参加健步走和跑步，保证适宜的运动量，你的骨骼组织会在一段时间内慢慢适应变化，性能越来越好。

老练的跑步者经常把自己比成一辆旧车，因为持续性的磨损将会经历一系列的各种疼痛。如果跑步者对训练计划进行适当的调整，大多数人都能降低疼痛发生的概率，在脆弱的部分稍有不适时仍能持续运动。为了应对一些问题，你必须更好地了解自己，这也能防止产生新问题。大部分的调整都是战略性休息，比如减少每周跑步的天数，增加健步走的间隔；疼痛加剧的时候，增加额外的恢复时间。

求胜心切的跑步者必须隔一两年就问问自己：当我想跑得更快时，需要承担多少风险？那些不断挑战极限的跑步者们往往减少了他们原本可以享受跑步的年数。这就是成熟的好处——对行动做出选择，也要承担相应的后果。我的建议是，享受跑步才是最主要的目标——如果你希望在自己100岁的时候，还能沿着路一直跑下去。

如果你无惧持续性学习和不断调整，便一定可以好好享受几十年的跑步乐趣。我个人跑步的最大成就是 30 年来毫发未损——这正是因为我做出了书中会详细介绍的一些调整，对此我感到非常骄傲。

如何面对逐渐下降的恢复速度

人过 30 岁，通常要花费更久的时间才能令辛苦跑步的双腿恢复活力和精神。大多数跑步者在 40 岁的时候才注意到这一点（或者不想承认）。通过增加一些较保守的训练内容，受伤的风险会大幅度降低。许多资深跑步者发现，每周少跑一点就能加快跑步的速度，特别是每周跑步的天数比较少的时候。

我发现恢复跑步速度的最佳方法就是有足够多的休息日，身体恢复后，便能逐渐适应有效率的跑步。整体来说，最好每周减少跑步的天数，同时延长跑步的里数。下一页的表格按照跑步者的年龄建议每周跑步的天数，尤其是当跑步者出现以下状况时：

- 正受伤、疼痛加剧或有骨骼问题
- 跑步或比赛间的恢复缓慢
- 跑步的速度下降

（如果上述问题你都没有，可自行决定每周跑步的天数。）

按年龄建议每周跑步 / 健步走的天数

（你也可以每隔两三天健步走或交叉训练。）

35 岁及以下	一周不超过 5 天
36 ~ 45 岁	一周不超过 4 天
46 ~ 59 岁	隔一天跑一次
60 岁以上	一周 3 天
70 岁以上	跑 2 天，走 1 天，健步走的距离要远
80 岁以上	长跑一次，短跑一次，长走一次

备注：长跑的前一天应该休息一天。

多用健步走作间隔

从跑步伊始，多次加入健步走作间隔，即可令成熟的跑步者在保证跑步里程的同时减轻疼痛。通过健步走间隔可以使跑步者的双腿轻微发热，跑步结束后感觉更好，还可以减轻疼痛、提高跑步后半段的质量。更多信息可以在本书的"跑—走—跑"章节中找到。

更久、更容易的热身

随着年岁的增长，（在一次跑步的过程中）热身越久，腿部就会越舒服。我的建议是：

· 轻柔健步走至少 5 分钟。
· 然后变速健步走 5 分钟，即使你在第二个 5 分钟里走得比较快，也要保持小步子。

- 把跑步作为间隔加入到 10 分钟的健步走里。跑 10 ~ 20 秒再走 1 分钟，然后逐渐转换成跑 1 分钟、走 1 分钟。
- 然后，放慢你的跑步速度，降低"跑—走—跑"的频率。
- 保守一些始终是更好的选择。

备注：如果你正在进行速度锻炼，建议热身之后再分别加上 4 组"加速滑行"和"节奏训练"，在本书后面有详解。

每日里程分成两三个小节

有位跑步者曾告诉我，他退休后才开始跑步，每天延长一点跑步距离，并分成两三个小节来跑，从未受伤。他把每小节的跑步都安排得颇有战略意义，至少可以让他在接下来的一个小时精力旺盛，这令他想起了小学的"课间休息"。

快跑更需要双腿的配合

跑步者在四五十岁时，有时也能达到其在二三十岁时的锻炼水平，但会为此付出代价。保持在极限阶段的跑步，过了一定年龄就会产生负面的后果。的确，速度训练和赛跑确实会大大增加受伤的机会，但不论任何年纪，我们都有更安全的训练方式。事实上，随着年岁增长，恢复性元素必须加入训练计划中。我不建议年过八旬的长者进行速度重复训练，但本书中提到的"节奏训练"和"加速滑行"可以改善速度。

备注：在试图进行速度训练前，确保得到医生的许可。

速度重复训练的休息间隔：

	40~50 岁	51~60 岁	61~65 岁	66~70 岁	71~75 岁	76~80 岁
400 米	200 米健步走	300 米健步走	350 米健步走	400 米健步走	500 米健步走	600 米健步走
800 米	300 米健步走	350 米健步走	400 米健步走	500 米健步走	600 米健步走	700 米健步走
1 英里	400 米健步走	450 米健步走	500 米健步走	600 米健步走	700 米健步走	800 米健步走

激励计划

本书包含了许多增强跑步意志的建议。拥有计划能赋予你信心，设置目标的时间表点燃了成千上万 40 岁以上的人心中的火种。甚至在疾病或其他干扰因素过后，你的计划框架也能指明方向。成为改善过程中的一部分，本来就很激励人心。

计划不负有心人

制订时间表，让每一次跑步都带着目的：缓解压力、训练耐力、实现进步等。当完成一个难题，每日的锻炼就好像完全嵌入了你的跑步生活。早期的锻炼刺激肌肉并使之慢慢适应，让身体对接下来几个星期或几个月更艰苦的锻炼做好准备。和艰苦的锻炼相比，非跑步日对年长的跑步者来说更加重要——肌肉必须获得充分的休息来重建或改善人体的内部工程。当你仔细检查未来几个月的计划时，你会意识到对比过去的跑步，自己正朝着未来前进。即使完全没有定下任何成绩目标，制订计划也会令你更易激发个人的潜力。

通过加入足够的休息，控制受伤和疲劳

保持不受伤是跑步者，尤其是年长跑步者能进步的主要原因。用休息平衡压力，便可以掌控逐渐增加的跑量并防止受伤。保守的态度是关键。一出现受伤的迹象就进行调整，便能避免之后经历更久的沮丧期。出现受伤的迹象时，至少休息3天并治疗受伤的区域。如果你感到越来越累，就增加健步走间隔，缩短跑步距离，一周跑步的日子不要超过3天。

从过去进行调整

无论我们如何努力，提高记忆力也是比较难的。在日志中加入笔记，可以帮你分析疼痛产生的原因和训练中的问题。即使你在90岁时不能跑得更快，但是你能更聪明地跑步并预防问题发生。利用日志上的空白边栏，告诉自己下一次想做什么来避免这些问题。通过追踪这些调整，你会受益匪浅。在未来的几年，开启另一个目标，蓝图会更美好，因为你已经按照自己的现实进行调整，改善了原本的计划。

我认为满足感很大程度上基于我们平时是怎么做的。我看到许多人用已证实的方法来改善跑步，对生活也越来越充满希望。

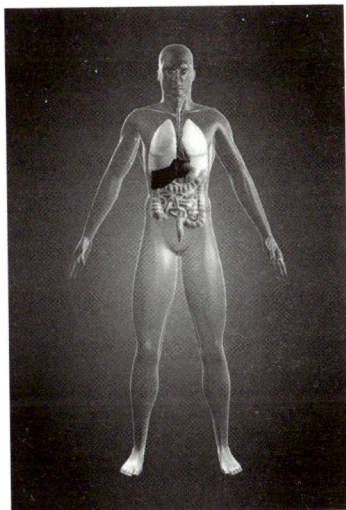

遵守并调整计划进行成功的跑步，往往能改变人的一生，状态也会越来越好。

健康问题

跑步令人感觉更好，因为它能加强健康、延年益寿。许多跑步者告诉我，跑步能够让他们较早意识到严重的健康风险，早检查、早治疗。寻找一位支持你跑步且愿意合作的医生，把你的健康维持在最佳水平。

目标和练习次序

我辅导过的跑步者大多都年过四十，相比一二十年前，他们的注意力和分辨事情重要性的能力都有所提高。成熟往往能赋予人们自信，相信自己能成为"跑步舰"的舰长。这是一把双刃剑，如果欲望过于强烈，改善了的专注力就会令你筋疲力尽、满身伤痕。本书接着会讲述"掌舵"的一些方法。通读本节的时候，拿一支铅笔把每一部分都进行优先排序，再抄下你想实现的目标。每周重复温习优先主次，确保自己按照课程训练。

享受跑步

找出每次跑步中你最享受的部分，即使是在加速训练中。大多数的跑步过程都应该是让人享受的，确保每周有一些社交跑步或风景跑步，就能增加你的愉悦程度。繁忙的人们经常忽略了这方面。把快乐放在第一位，就

能掌控跑步和生活的愉悦程度。

健康问题

下一节的健康贴士对较年长的跑步者特别有帮助。如果你有心脏病家族史或经历过类似的风险，监测自己患心脏病的风险就变得非常重要。每年都有跑步者死于心血管疾病，而原本接受适当的检查或加以注意就可以避免。有心脏病的跑步者通常可以在病情得到控制的时候继续跑步。关于这一领域的问题，找一个支持跑步的医生并尽可能地坚持运动。

保持不受伤

跑步者们得以提高并享受跑步的一个原因是他们不会受伤。列出过去受伤的清单，以及最近感受到的疼痛。读完本书关于受伤的章节后，做出必要的调整。如果你消除了压力，并加入战略性休息，大部分伤痛就会随之消失。

避免过度运动或过度疲劳

每一个十年里，我们都必须对过度训练的早期警示敏感起来。不幸的是，我们常常忽略了警示，也不知道它们是什么。训练日志是一个非常棒的工具，上面记载了你可能的疼痛、失去的热望及挥之不去的疲惫感等。如果你受伤了，回顾日志就能找到答案。日志令你对可能存在的问题更加警惕，还能对训练计划进行保守的调整，降低受伤风险。

时间目标

　　我每年都会和许多跑步者交谈，他们在四五十岁的时候创下了个人跑步纪录，但是每个人都会经历一个特别难提升的时间点。同时，在他们发挥最大的潜力时，疼痛的次数也增加了。在这本书里，你会找到按年龄调整训练的指南。

你的实际目标是什么

　　下面这几节可以帮你回答这个问题。会有一个测试，判断你在几个赛事中的跑步潜力。然后，你将学习如何选择提高期望的程度。但是，要记住时间目标应该远远放在另外两个主要目标之后：享受每次跑步和保持不受伤。

健康警报

体检

开始严格的训练前，先和你的医生联络并保持沟通，确保医生始终知道你的心血管系统的任何异常，以及疼痛等健康风险和受伤的讯号。首先，告知医生或护士接下来一年里你将要进行的跑步量。大多数人在年纪越来越大时都可以继续跑步。如果医生反对你的跑步计划，要问清楚原因。因为确实有极少数的人，即使采用了"跑—走—跑"的方法也无法接受严格的目标训练。如果这位医生不让你跑步，我建议你咨询一下别的医生。因为一般来说，好的医学顾问都希望你能够参与这种类型的体育活动，除非有明显的原因才不建议你这么做。

心脏病和跑步

跑步往往能对心血管疾病产生有利的影响。但是，越来越多的跑步者死于心脏病而不是其他病因，他们和久坐不动的人死于心脏病的风险类似。同大多数普通人一样，跑步者往往并不知道他们有健康风险。我知道一些跑步者曾经心脏病发作或中风，其实只要做

检查身体是否有以下风险因素，如果包含1~2项，情况就算严重：

☐ 家族病史

☐ 年轻时糟糕的生活方式和习惯

☐ 高脂／高胆固醇饮食

☐ 曾经吸烟或一直在吸烟

☐ 过于肥胖或严重超重

☐ 高血压（良好的血压应该维持在135/85以下，如果能降到125/75最好）

☐ 高血糖（良好的血糖指标应该维持在100以下）

判断你是否存在风险的测试：

☐ 压力测试——跑步的难度逐渐增加时监测心脏的反应。这个测试能够指出一些心脏风险，但仍会有很多真正的问题未被发现

☐ 胆固醇检查——胆固醇低于180表示良好，低于150表示优秀。向医生询问个人高密度脂蛋白（百分比越高越好）和低密度脂蛋白（可能导致一些问题）的变化情况

☐ C反应蛋白——风险增加的一个指标

☐ 心电图——心脏电子扫描图像可以显示动脉钙化，也能看出动脉狭窄。读数高于普通水平并不意味着血管阻塞，但也许意味着需要进一步的检查

☐ 放射性染色测试——能有效定位阻塞的部位

☐ 颈动脉超声波测试——有助于判别你是否有中风的风险

☐ 踝肱测试——显示全身动脉内的血小板沉积

几个简单的测试就极有可能避免。下面罗列了一些测试，如果有问题和疑虑，请咨询你的医生。

　　本小节为你提供了掌控心血管系统健康的指南。跑步和健步走可以令最重要的人体器官保持高水平的健康，从而能够延长寿

命，提高生活质量。同样，你需要从一个了解你个人情况的医生
那里寻求建议。

所有这些都不是绝对安全的，但通过心血管医生的检查，健康
生活的机会就会增加，能一直跑到肌肉再也无法进一步推动你跑步
的那一天。

选择医生

越来越多的家庭医生提倡健身运动。如果你的医生不太支持，
咨询护士们是否还有其他的医生在这一科室，或者去别的医院再咨
询一下。支持健身运动的医生们通常都态度积极且精力充沛，他们
经常学习关于运动减少疾病和延长生命质量的最新研究。

在跑步圈子里寻找医生

请教当地跑步产品商店、跑步会员俱乐部的工作人员或长期的
跑步者。他们往往知道一些在你居住地附近的医生，跑步者们有各

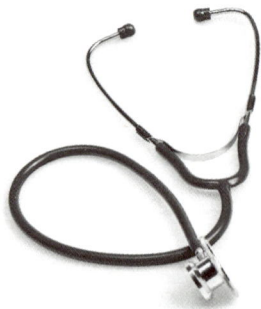

种医疗问题时都会找他们。医生告诉
我，跑步者相对于其他病人，会问更多
问题并希望预防疾病。跑步者们往往在
生命的末期还保持着高水平的运动。你
需要一位支持这种理念的医生，并且请
他作为你的"健康教练"。选择一位合
作的医生，帮你避免受伤、疾病和其他
健康问题。

感冒时能跑步吗

很多个人的健康问题都和感冒脱不了关系。如果你的身体感染了，运动前就必须看医生。

· 肺部感染：不要跑！肺部病毒可能会转移到心脏并导致死亡。咳嗽往往暗示肺部受到了感染。
· 普通感冒：许多感染最初都是由普通感冒引起的，但是感染有可能恶化。所以在跑步之前，至少给医生打一个电话了解清楚状况。一定要说明你要跑多远，以及服用了什么药。
· 喉部和颈部以上的感染：大多数跑步者都没问题，但最好还是问问医生。

速度风险

跑步的加速环节容易增加受伤和心血管疾病的风险。确保你的医生同意你开始增速的项目，但若有受伤或心血管问题的可能，就别跑了，哪怕只有 10 米。停止跑步，休息两三天，必要的时候征求医生的意见。本书的建议通常很保守，如果不确定，再多休息几天，降低跑步速度。换句话说，你要更保守才好。

Chapter 2

盖洛威的
"跑一走一跑"方法

"跑—走—跑"方法

　　跑步最妙的地方在于它并没有定义跑步者必须实现的行为，也没有规定你在日常跑步中必须遵守的规则。你自己就是跑步舰队的舰长，所以你个人决定了跑步的距离、速度及跑走的比例等。是的，跑步是一种个人可以随意混搭各种可能的自由活动，完全由自己来选择跑步体验。健步走对于初次跑步的人来说是至关重要的变量，对于经验丰富的跑步者来讲，健步走甚至能够提高他们的跑步成绩。

　　健步走间隔可以令跑步者在40多岁时比30多岁时跑得还快，同时，年过五旬的跑步者通过健步走间隔可以维持跑步的高度连贯性。60多岁的跑步者告诉我，他们遵守了下面的指南后，与三四十岁时相比，少了很多疼痛。你们或许还能从其他训练内容里找到比"跑—走—跑"更有帮助的内容。惊喜还在继续，每周我都会听到年长跑步者的成功故事，因为他们从刚刚开始跑步就加入了健步走间隔。许多人在找到合适的比率后，提高了跑步成绩。方法使用得当，会消除疲劳、提升上进心、增强跑步的乐趣，跑步者会变得自信，也有实力完成比赛了。

　　健步走间隔益处多多，比如：

- 让你自己控制从头至尾的感觉
- 令年长和过胖的跑步者想跑多远都可以，并且能快速恢复
- 消除疲劳
- 打破你的疲劳极限
- 在每次健步走间隔的时候积聚内啡肽，会带来非常棒的感觉！
- 把跑步里程分为几个可以操控的小单元
- 快速恢复
- 降低疼痛、受伤的可能性
- 令你在参加跑步后的日常活动时感觉良好
- 毫无疼痛且给予你跑完全程每一节的耐力

累了就走走

我们大多数人在没有接受任何训练的时候，就能走上几英里，直到筋疲力尽。因为生理机能令我们对走路这项活动可以无师自通，走上几个小时。跑步就难多了，因为你必须让身体离开地面，然后不断吸收踏地的冲击力。一个人人皆知的科学事实就是持续跑步会使肌肉疲劳并造成更多的伤害。但是，如果你在跑步让肌肉开始疲惫之前走一走，肌肉就能迅速恢复——增强你的训练能力，同时减少第二天疼痛和长期受伤的机会。

"方法"部分和策略

有关。采用跑步和健步走结合，就可以控制自己的疲劳度。尽早使用降低疲劳的工具，可以令你充分利用肌肉，并自信精神地迎接未来的挑战。即使不需要这种方法带来的额外力量和韧性，你也会在跑步中和跑步后感觉更好。跑步结束时，你会感觉自己还能跑得更远。

> 这个方法非常简单：跑一小段，再以健步走的方式休息一下，保持这样的形式。

健步走间隔可以令你掌控疲劳程度，也能更享受每一次跑步。越早越多地采用这种方法，即使跑步距离非常远，你也能在跑步结束后感到充满力量。初学者会将一小段跑步和一小段健步走轮流进行。连资深的跑步者都发现，健步走间隔可以加快他们的恢复速度。所以，没必要筋疲力尽地跑完 30 英里全程。

短小、轻柔的健步走步伐

最好把健步走的速度放慢，步子短一点。当跑步者或健步走的人步伐过长时，小腿就会受到一些刺激。放松并享受健步走吧。

不用消除健步走间隔

有些跑步者认为他们必须努力，争取有一天不再需要健步走间隔。这样的想法完全取决于个人，我却不推荐。记住你用的"跑—走—跑"比率。没有硬性规定你在某天必须保持什么比率。按照感觉来调整跑步、健步走的比率，你就能掌控疲劳的程度。

我已经有 50 年的跑步经历，健步走间隔让我越来越享受跑步。

我几乎每次在跑步中和跑步结束时都精神饱满、思维敏捷。如果没有那么早地多次加入健步走间隔，我是不可能几乎每天都跑步的。开始跑步时，我通常会在每分钟里走上一小段路。对于两英里的路程，我会每隔 3 ~ 4 分钟健步走。5 英里的路程，就会调整为每隔 7 ~ 10 分钟健步走。然而每年也有一些日子我会保持每隔 3 分钟就健步走，甚至是每隔 1 分钟就健步走。

你使用的"跑—走—跑"比率可以日日不同。采用的比率越保守，从跑步中得到的快乐就愈发与日俱增。

如何使用健步走间隔：

1. 以跑 5 ~ 10 秒钟开始，然后健步走 1 ~ 2 分钟。

2. 如果你在跑步过程中及结束后感觉良好，继续保持这个跑走比率。否则，减少跑步的时间，直到你感觉舒服。

3. 以相同的比率完成 3 ~ 6 节训练后，增加 5 ~ 10 秒的跑步时间，再保持同样的健步走时间。

4. 当你能跑 30 秒后，每 3 ~ 6 节逐渐缩短健步走的时间到 30 秒。

5. 当你觉得 30 秒跑步非常容易了，每 3 ~ 6 节逐渐增加 5 ~ 10 秒跑步的时间。

6. 在有健步走间隔的跑步中，若需要更多健步走，就去执行。不要害怕跑步时间因此变少，因为这样跑步会更有乐趣，并且能减少疲惫感。

"跑—走—跑"的比率

我已经辅导了 10 万多名跑步者使用健步走间隔的方法，下表是我为 45 岁以上的跑步者制订的建议比率。

整体上讲，我发现年长的跑步者较能从更短的跑步小节和更频繁的健步走间隔获益，甚至在健步走过程比较短的时候都受益匪浅。

每英里的速度（时间）	跑步时间	健步走时间
7 分	4 分钟	20 秒
7 分 30 秒	4 分钟	20 秒
8 分	4 分钟	30 秒
8 分 30 秒	3 分钟	30 秒
9 分	2 分钟	30 秒
9 分 30 秒	2 分钟	40 秒
10 分 ~ 11 分 29 秒	1.5 分钟	30 秒
11 分 30 秒 ~ 13 分 29 秒	1 分钟	30 秒
13 分 30 秒 ~ 14 分 59 秒	1 分钟	1 分钟（或跑 30 秒、走 30 秒）
15 分 ~ 16 分 59 秒	30 秒	45 秒（或跑 1 分钟、走 1.5 分钟）
17 分 ~ 20 分	20 ~ 30 秒	1 分钟

备注：每个数字都可以除以 2。例如：你可以把每跑步 4 分钟健步走 30 秒变成每跑步 2 分钟健步走 15 秒。

"今天我适合多快的步伐？"

　　有经验的跑步者在跑得特别快时总是很痛苦，尤其长跑时。那么正确的速度应该是多少呢？我们能在本节中找到问题的答案。即使你不太热衷于跑得更快，我下面列出的预测方案也会告诉你适合你的速度。你可以每天制订一些合理的目标和可能提高的程度。在项目结束的时候，这些预订的时间实验可以推断你在状态好的时候能达到的成绩，以及如何按温度调整。

　　定期测试可以使目标设定更科学。你还要控制一下自我，因为自我往往令你设定的目标和当前的能力不相符。"神奇英里"（magic miles）能够按照目前实际成绩的潜力来调整你的锻炼计划，从而避免目标不切实际而带来的沮丧。

方案使用指南

- 已为目标完成了必要的训练
- 没有受伤
- 采用匀速跑步的方式，在必要的时候加入健步走间隔
- 目标比赛日的天气不错。天气状况可能会降低你的速度，比

如温度高于 16 摄氏度、逆风强烈、下大雨或大雪等

"神奇英里"

"一英里时间测试"已成为我最喜欢的评估工具，因为其操作简单，预测成绩也很精准。我积累了辅导 20 多万人跑步的经验（超过 30 年），研究出以下方案，下面是具体步骤：

1. 找一个跑道或其他能够精准测量的比赛场地。
2. 健步走热身 6 分钟，然后跑 1 分钟、走 1 分钟，再慢跑 800 米。
3. 做 4 组加速滑行。
4. 走 3~4 分钟。
5. 做一英里时间测试，按本节建议的健步走间隔，在开始跑步的时候按下定时器，一直到第 4 圈完成。
6. 不要在一开始就全力以赴，进行一半（两圈）以后即可轻松达到你想要的速度。
7. 通过逆转热身训练来进行赛后休息。
8. 学校的跑道是最佳的跑步地点。不要使用跑步机，因为跑步机一般都没校准，它显示的速度和距离超过你的真实情况。
9. 在每个连续时间测试中调整速度，令你比上次跑的时间短。
10. 使用下面的方案，看看跑步目标时间的预测是多少。

"我应该多努力地执行测试呢？"

永远不要使出全力奔跑。从第一个"神奇英里"开始，你就会比现在跑得快一点。在每个连续时间测试中，你的任务就是缩短上一次的跑步时间。经过 4 ~ 6 组的时间测试，大多数跑步者的跑步成绩就很接近他们在这段距离中的潜力时间了。

在这一点上，你跑第一圈的速度要比你认为的平均速度慢一点，按照本节提到的健步走间隔建议，进行一次简短的健步走间隔。如果你这时没有气喘吁吁，就可以在第二圈把步伐加快一点。如果你在第一圈结束的时候已经气喘吁吁了，就以相同的速度跑第二圈。大多数跑步者会在第二圈之后的健步走间隔中受益。在第三圈结束的时候，健步走间隔就不是强制性的了。最后一圈呼吸困难是可以接受的。如果你在最后一圈减速了，下次测试的时候降低起始速度。整个跑步计划完美的标志就是，你在完成的时候应该感觉无法再以相同的速度多跑一圈。或许你会发现在测试中不需要加入许多健步走间隔，那么就多多尝试，进行调整。同样，通过几周完成这方面的努力后，告诉医生你想进行一英里速跑（不是冲刺）。

盖洛威的预测方案

通过一英里时间测试预测跑较长距离时每英里的速度：

5公里	用一英里时间加 33 秒
10公里	用一英里时间乘以 1.15
半程马拉松	用一英里时间乘以 1.2
马拉松	用一英里时间乘以 1.3
长跑速度	每英里比马拉松预测时间慢 2 ~ 3 分钟

例子：

1 英里的时间	10 分钟
5 公里的时间	加上 33 秒，10 分 33 秒
10 公里的速度	10 乘以 1.15，11.5 分钟
半程马拉松的速度	10 乘以 1.2，12 分钟
马拉松的速度	10 乘以 1.3，13 分钟
长跑的速度	每英里 15 ~ 15.5 分钟

一英里的时间	5 公里的速度（+33 秒）	10 公里的速度（x1.15）	半程马拉松（x1.2）	马拉松（x1.3）
05:00	05:33	05:45	06:00	06:30
05:30	06:03	06:19	06:37	07:09
06:00	06:33	06:54	07:12	07:48
06:30	07:03	07:25	07:48	08:28
07:00	07:33	08:03	08:24	09:06
07:30	08:03	08:37	09:00	09:45
08:00	08:33	09:12	09:36	10:24
08:30	09:03	09:46	10:12	11:03
09:00	09:33	10:21	10:48	11:42
09:30	10:03	10:57	11:24	12:21
10:00	10:33	11:30	12:00	13:00
10:30	11:03	12:04	12:36	13:39
11:00	11:33	12:39	13:12	14:18
11:30	12:03	13:19	13:48	14:57
12:00	12:33	13:48	14:24	15:36
12:30	13:03	14:22	15:00	16:15
13:00	13:33	14:57	15:36	16:54
13:30	14:03	15:31	16:12	17:33

一英里的时间	5公里的速度（+33秒）	10公里的速度（x1.15）	半程马拉松（x1.2）	马拉松（x1.3）
14:00	14:33	16:06	16:48	18:12
14:30	15:03	16:38	17:24	18:51
15:00	15:33	17:15	18:00	19:30
15:30	16:03	17:49	18:36	20:09
16:00	16:33	18:24	19:12	20:48

一英里测试的健步走间隔

每英里跑步的速度	健步走秒数
08:00	每2圈5~10秒
08:30	每2圈8~12秒
09:00	每2圈10~15秒
09:30	每2圈12~18秒
10:00	每圈5~8秒
10:30	每圈7~10秒
11:00	每圈9~12秒
11:30	每圈10~15秒
12:00	每圈11~16秒
12:30	每圈12~17秒
13:00	每圈13~18秒
13:30	每圈14~19秒
14:00	每圈15~20秒
14:30	每圈16~21秒
15:00	每圈17~22秒
15:30	每圈18~23秒
16:00	每圈19~24秒

目标预测及改进程度

选择比你之前测试所得的预测时间更快的时间作为赛跑目标是可以的。因为赛前 3～6 个月已经开始训练，你可以通过速度训练、长跑和演练提高成绩。为达到预测的目的，比如你要实现"飞跃"的目标，我建议在 3～6 个月的训练中，提升目标不要超过 3%。

无论你的第一场赛跑距离如何，轻松地去完成吧。完成一项比赛之后，就可以向更快的时间努力。

1．进行一英里时间测试。

2．如果你按照目标距离训练，用上述方案预测现在的跑步程度。

3．选择项目中的改进程度（1%～3%）。

目标设定的关键是不断地自我检查。根据我的经验，3% 的进步是既现实又充满挑战性的。也就是说，如果你预测自己 5 公里的时间是 30 分钟，按照训练日程上的速度训练和长跑训练，就能比较合理的把它降低 54 秒钟。

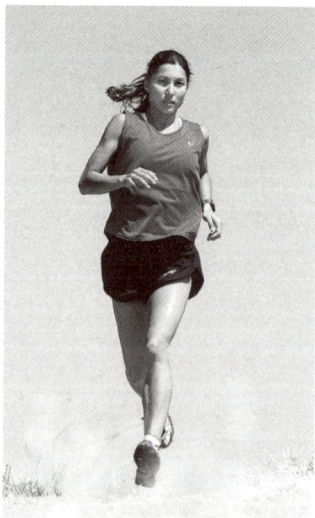

然而，所有这些状况也需要在条件都具备的情况下才能产生预测的结果。即使有的跑步者把成绩提高 3% 作为目标，完成上述所有训练后，赛季成绩可能也只有目标成绩的 50%，因为决定马拉松比赛目

标时间的还有一些不可控的因素，如天气、地形、身体状况等。

5 公里测试前的预测	改善 3%（3～6 个月的训练项目）
40 分	1 分 12 秒
33 分	60 秒
28 分	50 秒
25 分	45 秒
20 分	36 秒
17 分	31 秒

半程马拉松测试前的预测	
03:00	02:54:36
02:30	02:25:30
02:00	01:56:24
马拉松测试前的预测	
06:30	06:18:18
06:00	05:49:12
05:30	05:20:06
05:00	04:51:00
04:30	04:21:54
04:00	03:52:48

最终检查

　　做最后三次时间测试，删除最慢的时间，将剩余的两次时间取平均数，用来预测你的跑步目标。如果测试预测的时间比训练设定的目标时间短，相应地调整你的跑步目标时间。强烈建议你在跑目标比赛的前 1/3 时，以低于测试的平均速度把每英里的跑步时间降低几秒钟。像往常一样，根据比赛当日的温度调整目标。

使用日志

本书有关于如何使用日志的建议。如果合理地利用这个工具，提升目标成绩的机会就会大大增加。从心理学上讲，当你使用日志的时候，就开始对任务的完成负责了。

跑步者的装备清单

　　跑步是人生中为数不多的、不像其他活动有那么多要求和期望、不会令人不堪重负的活动。其中一份自由的感觉来自于跑步的简洁——装备简单。你可以从家或办公室出发，利用公共街道或者人行道就开始跑步。总之，我还没发现什么别的体验能比跑步还更让人精神抖擞、态度积极。建议你对每天的跑步做出必要的调整，将它带来的好处最大化。

　　以下这些事物可以增强你的跑步体验。你会发现"顶尖"的装备并不一定是最适合你的。例如：普通的衣着和价格一般的跑步鞋在大多数情况下也能很好地工作，不用加入跑步俱乐部或购买昂贵的运动器材。如果有一个跑步搭档，固然能互相鼓励，但搭档并不是必需的，很多跑步者在大多数情况下都是独自跑步的。"支持小组"（跑步同伴、医生、跑鞋专家）可以帮助你训练，你很可能会通过跑步圈子结识这些人。

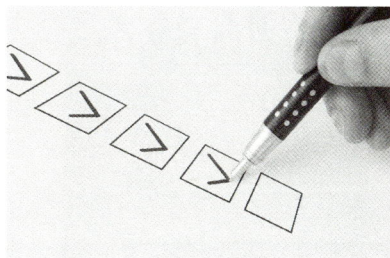

鞋——主要投资

随着年龄增长，我们往往会遇到越来越多的脚部"问题"。大多数40岁以上的跑步者都会明智地多花一点时间选择一双好跑鞋。总之，鞋是唯一真正需要的装备——跑鞋专家们可以处理大多数的脚部问题。一双适合你的鞋可以令跑步更加轻松，减少出现水泡、脚部疲劳和受伤的可能。

鞋子的品牌和款式不计其数，买鞋的时候容易不知所措。不如去一家信誉好的跑步用品专卖店买鞋，那里的售货员乐于助人又知识丰富，如果他也同样是跑步者就更好了，这样不仅能节省买鞋的时间，往往还能帮你挑选到比你自己挑选的还好的跑鞋。

把穿得最久的鞋拿给经验最丰富的店员

也许你穿得最久的鞋是一双便鞋，把鞋底给店员看看，让他了解鞋底的样式，再选择一双你觉得很舒服的跑鞋。一旦发现一双很适合你的鞋，多买一双并轮流穿着它们进行短距离跑步，一星期两天。这样就能一边帮你适应新鞋，一边让你意识到旧鞋已经没用了，以确保在把鞋穿烂之前将它扔掉。

"我需要赛跑鞋吗？"

在大多数情况下，赛跑鞋只能令你在一英里内加速几秒钟——但是，也许这就是你需要达到的目标。几周后，如果你觉得训练跑鞋太沉或"笨重"，就去看看赛跑鞋吧。

　　注意，成熟的跑步者往往发现轻盈的训练跑鞋比赛跑鞋还要好。赛跑鞋后方的微型垫子会在赛跑中压缩，跑到最后几英里或者最后关头，脚部会产生大量的压力。

一只手表

　　很多物美价廉的手表可以记录你锻炼和比赛的准确时间。任何具有跑表功能的手表都行。一定要问问手表店的店员如何使用跑表。有些手表在每次跑步小节结束的时候，都会"滴"一声，在下一节跑步小节时又开始运转，为健步走间隔带来了方便。

衣着以舒适为主

　　本书后面的"衣着温度计"可以帮你按照当前的天气选择适合的服装。夏天可以穿针织衣服，轻便又凉爽。天气寒冷的时候，多层穿着是最佳策略。天气的变化对跑步可能有些影响，但已经有一些高科技布料制成的衣服可以令跑步更加舒适，即使天气恶劣。你还可以给自己买套时尚的外套，"奖励"自己朝着目标努力。

一本训练日志

　　日志也是跑步的重要组成部分，后面有专门的一节。通过日志可以提前规划并在事后回顾错误，这样你就能在很大程度上掌握跑步的未来。慢慢你会习惯记下每天都做了什么，如果有天漏掉了记录，反而会不太适应。一旦习惯了应用日志，年长的跑步者就会觉得非常有成就感。

跑步场地

　　不同的跑步场地对跑步均有帮助。尝试为每种跑步类型找到至少两个或更多的场地。

长距离跑步	风景区或有趣的区域最棒，最好有人行道和相对柔软的地表。如果你的目标比赛在人行道上进行（大多数比赛均是），最好把训练中的一半路程都设置在人行道上
快走	田径场或任何可以精确测量的路段
赛跑	小心选择场地，避免山丘、过多的转弯或过于平坦的地形（如果经常在高低起伏的山丘进行训练）。在地形平坦的比赛里，对于那些在各种地形里接受训练的赛跑者来说，他们的肌肉在跑步时更容易疲劳
神奇英里时间测试	赛道是最好的选择，大多数赛道都是 400 米
热身训练	任何具备安全表面的跑步场地
室内跑步	天气糟糕时，可以在跑步机或者室内空旷的场地进行跑步

安全第一

　　选择一个远离交通事故，也不太可能发生罪案的安全场地。尽量找到两个以上满足上述条件的场地，多样性的场地有激励作用。

便利

如果在家和你工作的写字楼附近有诸多满足上述条件的场地，你就更有可能在你需要跑步的时候，按照日程表来锻炼。

地面

选择合适的跑鞋和鞋垫，跑道就不会对你的腿和身体产生额外的冲击力。平滑的土路或碎石小道更适合轻松的跑步。但要注意到不平坦的地面，尤其当你的关节脆弱或有脚部问题时。至于时间测试、快走和热身，你应该向跑鞋专家咨询一下，如何在特定的地面跑步时避免水泡等问题。要避免有斜坡的马路、小径、赛道或道路，平坦的才是最好的。

挑选跑步同伴

在长跑和轻松跑的日子里，不要选比你跑得快的人一起跑步，除非他把速度降到对你来说都算慢的程度。很多年长的跑步者每年都会受伤，因为他们试图赶上年轻和跑得更快的朋友，尤其在原本应该慢慢跑的日子里。和跑得足够慢的人一起跑步能够鼓舞

人心，同时你也能收获一次愉快的对话。在彼此愿意的情况下，分享故事、笑话和问题，你们俩就以积极的方式联系在了一起。如果你没有试图为了跑到一个过快的速度而气喘吁吁（或呕吐），那么因跑步而形成的友谊最坚固也最持久。在快速跑的日子里，选择对你来说正确的场地，再选择一个比你跑得稍快的人，对跑步是很有帮助的。

奖励

奖励在每时每刻都很重要。用实物（更多舒适的跑鞋、衣服等）来强化你的积极行为，就能一直保持上进心，同时令跑步的体验越来越好。

积极的强化法是有效的！完成一场艰辛的跑步后，奖励自己一份奶昔、跳进凉爽的泳池畅泳一番或在一场长跑之后外出吃个大餐——所有这些都能增加你完成下周或下个月的跑步计划的可能性。特别的福利是在结束跑步后的 30 分钟内来点零食，热量最好在 200 ~ 300 卡路里，包含 80% 的碳水化合物和 20% 的蛋白质。

日历上的预约

大多数年长的跑步者在日历或预约册上设定跑步的日子时，保持提前两个星期的习惯，每年就能多跑几天。你可以在跑步日期周围设定其他的活动，把跑步锁定为例行公事。将跑步想象为老板和你的一个预约，或者是你同最重要的客户的预约。实际上，你才是你自己最重要的客户！

走向户外的动力

有两个时间段是大多数跑步者觉得最有挑战性的：清晨和一天结束之前。在本书的激励章节里，为这些状况安排了排练活动。一旦发现规律的跑步能令你感觉更好，你也更容易受到激励。是的，当你准备充分，以恰当的速度跑步和健步走时，就会感觉更佳，进而能影响到其他的事情——一切都越来越好，让你以更加饱满的精神享受接下来的这一天。

跑步机和街道一样有利于短跑

越来越多的跑步者会利用跑步机完成至少一半的跑步里程，尤其是需要照看孙子辈的长者们。事实上，跑步机显示的里程和速度往往大于你实际的跑步里程和速度（通常误差不会超过 10%）。但是如果你在跑步机上往上设定，努力达到你习惯的程度（不会气喘吁吁），就会很接近你希望达到的训练效果。为了确保跑够里程，你可以在使用跑步机的日子里把里程多设定 10%。

在跑步之前通常不需要进食

大多数的跑步者在跑步里程少于 6 英里的时候不需要跑前进食。有糖尿病或严重血糖问题的跑步者可能才有这样的需求。对大多数跑步者而言，在跑步正式开始的一小时前来一杯咖

啡会在跑步过程中感觉更好。咖啡因参与到中枢神经系统，令全身系统很快地配合运动兴奋起来。

如果你血糖偏低（这种情况经常发生在下午），进食 100～200 卡路里的零食（80% 碳水化合物，20% 蛋白质）会有所帮助。要在跑步 30 分钟前进食零食。在我即将迈入 50 岁时，许多情况下，我都是在进食一个能量棒和一杯咖啡后才进行户外运动的。

生理改善在任何年纪都可以出现

你的身体具有非凡的机制。如果你能坚持规律的跑步，身体里数以千计的组成部分就能得以改善。这一节将探讨肌肉的内部组织。同时，你也能明白训练是如何把不同的元素交织在一起，帮助你以一个整体前进并改善健康和体质的。整个过程就像身体组成部分的交响曲，融合了心灵、身体、心脏、腿部、左右脑等，恰如其分地将其整合为一个团队。

通过一系列的挑战改善身体

我认为长距离的跑步可以让我们体内的各个系统参与其中，令我们和我们的根基直接联系在一起。原始人为了生存不得不跑和走——每年至少 1000 英里。经过几百万年的进化，肌肉、肌腱、骨骼、能量系统和心血管的组成部分逐渐演变，令人体的能力得以扩展，不再仅限于长

距离的跑和走。在这样一个扩展的时期，心理回报也有了一系列的发展。这就是为什么我们以正确的（保守的）速度跑和健步走的时候感到不错的原因。

心、肺、神经、大脑等组成的"团队"

在大学或者专业运动会上，常常能看到以才华个体组成的团队被能力稍差的坚实团队打败。跑步可以把你体内的关键器官铸造成一个协调的整体，好比打造了一个坚实的团队。按照一个人的能力范围来跑步，右脑就能利用直觉和创造力来解决问题、整合资源，帮助我们找到合适的速度和训练量。心脏是主要的血泵，双腿肌肉在健康的情况下，能够提供大量帮助，使血液泵回心脏，从而让心脏更强劲。心脏和肌肉一样可以通过规律、持久的训练来提升其有效性。

通过跑步，肺部也能更有效率地处理氧气并把氧气和血液结合。

我们的身体本身就可以通过摆脱一小部分工作量来节约资源。想提升成绩，就要以轻柔的方式，一周周地挑战腿部、心脏和肺部等。以下是部分得到改善的结果：

- 线粒体（肌肉细胞内部的能量工厂）的能力增强、数量增多
- 足部的机械效率提升——以更少的力量完成更多的工作
- 疲劳时，双腿能移动得更远——产生了许多积极的适应能力
- 肌肉细胞组成一个团队来工作——用更少的资源提升效能，令血液更好地泵回心脏
- 注意力更集中
- 当你发现自己有所进步的时候，精神上会有成就感

内啡肽止痛，令人感觉变好

任何速度的跑步，尤其是速度训练，会给你的身体一个讯号：有些疼痛可以止住。这种自然的反应是因为产生了一种叫作内啡肽的自然止痛剂。这些荷尔蒙和药物一样能放松肌肉，有效对抗伤痛，同时产生积极的态度，尤其是在你跑步结束后特别累的时候。休息间隔中的健步走可以为积聚内啡肽提供时间。

逐渐加大跑步量

即使是最年长的身体，在逐渐加大跑步量并辅以充足的休息后，也能提升身体的效能。逼迫太紧或忽视休息，你就会发现疼痛和受伤会增多。如果训练方案专门为你而设，那么针对问题做出合适的调整，跑步者就能在每年的大多数日子里保持不受伤。

压力＋休息＝进步

当我们比理想的目标速度跑得更快一点时，肌肉细胞和肌腱就会因为过多的负荷而更易发生故障。如果压力和之前相比不算太多，就会刺激身体的内部改善。所以，我们的身体在略有负荷的时候，本身会设定为恢复到比之前更强的状态。但是这样的压力必须是柔和及规律的，并通过大量的休息来促进身体的恢复。年长的跑步者需要非常认真地执行休息部分。

关键因素：
长跑、斜坡和规律

长跑锻炼耐力

通过逐渐延长慢速长距离跑步，你就能训练肌肉细胞有效使用氧气的能力，保持能量产出，概括地说就是提升肌肉细胞的能力，令你跑得更远。持续增加长跑的距离能够扩大动脉毛细血管输送氧气的覆盖范围，改善废物的回收，令肌肉高效能地工作。总之，长跑能赋予人体一个更好的泵血系统，同时改善肌肉的能力。这些改善可以提升肌肉对速度训练和赛跑的反应。

即使跑得非常慢，并加入丰富的健步走间隔，依然可以通过逐渐增加常规日程长跑的距离培养耐力。从延长现有长跑的长度开始，每次增加0.5英里或1英里，或按照如下的日程表：

· 目前长距跑里程为1~2英里，每周增加0.5英里。

· 长距跑里程达到4~6英里时，每周增加1英里。

· 长距跑里程超过9英里时，每两周增加1~2英里，在非长距跑周末时可以减半。

- 长距跑里程超过 17 英里时，每 3 周增加 2 ~ 3 英里，非长距跑周末跑 7 ~ 9 英里。
- 记住在跑长距跑的时候，速度要比"神奇英里"速度的 1.3 倍每英里慢 2 ~ 3 分钟。例如：神奇英里时间是 10 分钟，预计马拉松速度为 13 分钟 / 英里，则长跑训练速度就不能少于 15 分钟 / 英里。如果能够再放慢 1 ~ 2 分钟就更好了。
- 按炎热程度调整速度。

50 ~ 60 岁组	14 摄氏度以上，每增加 2 摄氏度则一公里跑慢 20 秒钟
61 ~ 70 岁组	14 摄氏度以上，每增加 2 摄氏度则一公里跑慢 25 秒钟
71 ~ 80 岁组	14 摄氏度以上，每增加 2 摄氏度则一公里跑慢 33 秒钟
81 ~ 90 岁组	14 摄氏度以上，每增加 2 摄氏度则一公里跑慢 45 秒钟
90 岁以上组	长跑限制在 15 ~ 20 公里，按照 81 ~ 90 岁组的配比减速

通过斜坡训练力量

　　斜坡训练已被越来越多的年长跑步者用作速度训练的唯一形式，它能增强力量，益处多多。斜坡训练降低了速度训练中经常出现的受伤类型的概率。在你提高速度的同时，腿部的力量也在加强，同时提高了跑斜坡的能力。斜坡训练全年都可以进行，亦可以作为快速跑步训练的入门练习。

　　可以把几组斜坡训练安排在一个较短的跑步日，通常是周二或周四。开始时，少做几组，然后每次训练可以一组一组逐渐增加。不要冲刺！第一组斜坡训练的最快速度应该只是比你的跑步训练速度微快一点。经验丰富的跑步者在翻越斜坡顶端的时候，可以把每次斜坡训练的速度提高到大概跑 5 公里 / 小时的速度。下面是关于斜坡跑步的具体说明。

斜坡锻炼

1. 健步走 5 分钟。

2. 用大约 10 分钟慢跑和健步走至斜坡，慢跑 1 分钟，健步走 1 分钟（热身时间稍长亦可）。

3. 做 4 组加速滑行的动作。不要冲刺。

4. 反转热身运动流程作为跑后休息。

5. 选择坡度较缓的斜坡，陡坡经常会导致一些问题，毫无益处。

6. 健步走到斜坡坡顶，然后从坡顶一步一步向下走，步测斜坡长度。

   · 初学者健步走 50 下。

   · 很少做速度训练的人，可以健步走 100 ~ 150 下。

   · 曾经做速度训练，但最近 6 个月都没做的人，健步走 150 ~ 200 下。

   · 正在做规律性的速度训练的人，健步走 200 ~ 300 下。

7. 标记你走到的位置，这就是你的斜坡起点。健步走到斜坡的坡底。

8. 完成热身活动：沿着斜坡向上跑 5 秒，接着向下跑 5 秒，健步走 30 ~ 60 秒。如此重复 5 ~ 10 次。

9. 健步走 3~4 分钟。

10. 开始重复斜坡锻炼。以慢跑完成每个斜坡加速的头几步，然后在上坡的时候逐渐提高你的步频。

11. 找到一个舒服的节奏，使得在上坡的时候能慢慢加快这个节奏或步频。

12. 保持较小的步幅，并且在上斜坡的时候逐渐减小步幅。

13. 在坡顶的时候，如果有气喘吁吁的情况是可以接受的，但别让双腿过度拉伸或感到过于劳累。

14. 至少用 10 步跑过斜坡的顶部。

15. 慢跑跑回斜坡的顶部，然后健步走下坡，在斜坡训练的间隙恢复体力。完成每一个斜坡后，健步走直到体力完全恢复为止。

斜坡跑步姿势

1. 以舒适的步幅（相对较短）开始。

2. 上坡的时候，缩短步幅。

3. 用脚轻轻地触地。

4. 保持身体姿势垂直于水平线（直立，不要前倾或后仰）。

5. 当翻越坡顶的时候，加快步频。

6. 调整步伐令腿部肌肉不要紧绷——腿部肌肉尽可能保持韧性。

7. 越过坡顶的时候放松，在下坡的时候可稍微滑行。

斜坡训练小腿力量、改善跑步姿势

　　斜坡会迫使双腿在向上走的时候更用力。顺着斜坡向上产生的额外工作及更快速的步频，提高了腿部力量。在斜坡训练间隙轻松的健步走时，在斜坡训练之后的第二天放松时，你的小腿肌肉开始变得更强壮。几个月以后，提升的腿部力量可以使双脚支持身体行走得更远。脚踝和跟腱的移动距离延长后，可以提高脚向前走的范围"红利"，而且丝毫不费力气。不用更费力就可以跑得更快，多么划算啊！

跑斜坡速度更快

　　一旦训练自己以有效率的方式跑斜坡，你就能利用斜坡锻炼获得越来越快的步频，从而跑得更快，为比赛做好准备。比赛的时候不会跑得和训练一样快，但是通过斜坡训练，在同样带有上坡的跑道中，你就能比过去跑得快。

斜坡赛跑的技巧和锻炼时是一样的：在上坡的时候缩短步伐间距。监视呼吸速率，不要让自己比在平地跑步时还要气喘吁吁。当跑步者在比赛中提高了斜坡技巧后，他们会发现短而快的步伐在加速的时候更省力，呼吸也不会因此而加快。

注意，在长跑和轻松跑的日子里，慢跑上坡；不要在上坡的时候跑得较快。如果上坡时呼吸开始急促，放轻松并缩短步伐，直到呼吸恢复到和平地跑步一样。

下坡姿势

- 步伐轻盈
- 保持适当的步幅，不要步幅过大
- 保持脚部可以低到地面
- 利用重力拉你下坡
- 步频会加速
- 尽量快速地保持惯性下坡

最严重的错误：步幅过大，弹跳过度

当年长的跑步者把步伐增加 1～2 英寸[①] 的时候，他们所需的恢复时间也大幅提高。下坡的速度可能会失去控制。如果弹跳距离地面超过 1～2 英尺[②]，你就有可能撞伤自己的脚，不得不用股四头肌减速（产生疼痛），同时因为步伐过大而导致腘绳肌疼痛。步伐过大的最好指标就是斜坡锻炼后的腘绳肌紧绷。

①1 英寸约为 2.54 厘米。
②1 英尺等于 12 英寸，约为 30.48 厘米。

规律

　　每隔一天（比如周二和周四），以两组 30 分钟的跑步来保持现有的耐力。

　　周二和周四的半小时跑步可以保持住周末获得的耐力。这是最低的要求，同时受伤概率也最小。如果你已经在毫无伤痛的情况下跑得比这些还多，可以按照个人意愿继续。

成熟和更快的步伐

跑得更快需要更多的努力，受伤风险也更高

　　大多数成熟的跑步者几乎不怎么进行快速跑。速度训练会增加受伤的概率，这是常识。即使只有一小段路程超过了你的速度极限，也可能会导致用更久的时间恢复体力，并带来挥之不去的疼痛，这是长跑和慢跑后不会出现的。若你决定针对一个时间目标进行训练，就要按照现在的表现水平设定一系列的锻炼计划，每次锻炼的时候稍微提高要求。关键是，快速跑结束之后要减弱强度，让自己的性能系统重新恢复起来。逐步和渐进的提升效果更佳，因为这样更有可能令你保持一个持续而长期的改善。

让身体通过"跑步练习"加速

　　年长的跑步者可以按照第92页中详细描述的两种练习方式——配速跑和加减速跑进行训练，从而进一步降低快速跑的受伤风险。这些步骤可以作为快速跑之前的热身活动，也可以在身体肌肉觉得没准备好进行速度跑练习时插入。

警告：不要肌肉训练过度或速度过快，保持在个人能承受的活动和体能范围内。

配速跑训练有助于增加每分钟的步数，加减速跑训练则以非常温和的方式导入小段的快速跑，令训练者慢慢适应。调整期间的大多数跑步都非常轻松。这些练习可以放在一小段跑步的中间完成，每周一次或两次。它们会提高身体的机能，令肌肉为要求更高的速度训练做好准备，启动肌肉内部的生理变化，同时几乎没有受伤的风险。成熟的跑步者仅仅做这些练习，跑步时间就可以有很大的进步。

温和提速

每周的速度锻炼可以从一些重复性的快速跑步开始，每次锻炼之间均有休息。随着锻炼中重复的次数增多，速度就会越来越快。每次锻炼中，当你达到上一次锻炼的最大量时，肌肉纤维就会在感到疲惫的同时又像受到了鼓舞的奴隶一样，令你按照指定的速度继续跑下去。有些肌肉纤维在每节训练中已经超越了本身的负荷，我们却感觉不到疼痛和疲劳。但在一两天之内，肌肉和肌腱就会出现疼痛，浑身上下都感到很疲惫。若速度训练一两天后，连走路都不舒服了，就说明跑得太多了——这个明显的讯号说明你跑得太快或没有得到足够的休息。

伤害

在艰苦的锻炼结束时，观察细胞的内部结构，你会看到的损伤有：

- 肌细胞膜撕裂
- 线粒体被吞噬
- 肌肉储存的糖原大量减少
- 发现因劳累产生的骨骼和肌肉组织废物及其他生物垃圾
- 有时会出现血管和动脉轻度撕裂，血液渗透到肌肉

损伤会刺激到肌肉和肌腱等处，使其更强更好

当人体超越了目前的限制时，身体性能就会更佳。一点点增加比大幅度的提升要好，因为身体能复原得更快。

年长的跑步者要保证足够的休息

速度训练结束两天后，如果肌肉得到了充分的休息，你就会看到以下进步：

- 废物被清除
- 变厚的肌细胞膜可以在不需要撕裂的情况下承受更多的运动量
- 线粒体的体积和数量有所增加，下次可以制造更多的能量
- 血液系统受到的伤害已经得到修复
- 几个月之后，身体逐渐适应了一系列的小幅度提升，会产生越来越多的毛细血管。它能改善和延伸氧气及营养物质的输送，提高废物排出率

在任何年纪……

　　当我们运动的时候，人体在许多方面都会产生不可思议的演变：生物动力系统、神经系统、力量、肌肉效率等。身体发生变化后，心理也能得到改善。思想、身体和精神组成一个团队，共同改善健康和身体性能。额外的好处就是积极的态度。

高质量的休息是关键：每次锻炼间隔 48 小时

　　当大多数 45 岁以上的年长跑步者隔两天跑一次步的时候，效果往往更好。避免在休息日大量使用小腿肌肉、脚踝和跟腱也很重要。年长的跑步者必须对个人"弱点"上的疼痛尤其敏感起来。健步走通常是休息日的极佳运动。本书的"交叉训练"章节还提到其他几种不错的训练方法。在非跑步日进行水中跑步已帮助许多跑步者获得巨大进步。只要你没有持续令小腿肌肉感到压力，大多数替换练习都不错。避免任何令小腿肌肉持续疲劳或引发"弱点"上疼痛的活动。

留意垃圾里数

　　年长的跑步者常常为了跑步目标和骨骼健康，"暗中"在非跑步日进行几英里的轻松式跑步。年龄每增加 10 岁，跑步日间隔的 48 小时恢复期就愈发重要。这些较短的跑步称为"垃圾里数"，因为它们无法改善状况，反而更影响肌肉的恢复。

规律性

　　为了保持演变，你必须每两天进行规律的跑步。为了确保本书所说的速度提升，你应该按照我的网站上（www.jeffgalloway.com）所列出的速度训练来练习。偶尔推迟一次锻炼是可以的，但如果在一组训练中错过了两次锻炼，将会稍微降低你目前的成绩。间隔的时间越久，年长跑步者在重新开始时就得愈发小心。

"肌肉记忆"

　　当你进行规律的运动且时间足够长时，神经肌肉系统就会记住肌肉的使用模式。跑步 10 年以上的成熟跑步者只要在短暂的"调整"日做一点跑步练习，就能把状态维持得更久。

没有时间？就跑 10 分钟吧

　　如果你没有 30 分钟的跑步时间，那么跑 10 分钟也好过 3 天以上不跑步。如果你正处于速度训练的时间段，在 10 ~ 15 分钟的跑步中做一些加速练习，都能保持大部分的演变。

长跑中的有氧训练

　　"有氧运动"的意思是"在有氧气的情况下运动"。这是一种当你在跑步时感到"慢"和舒服的方式。当你进行有氧跑步的时候，肌肉能从血液获得足够的氧气处理细胞里的能量（大多数是燃脂）。

有氧运动产生的废物最少也最易被清除，不会在体内停留太久。年长跑步者应该至少把 90% 的时间段划分为"有氧区"。

速度训练令你来到缺氧区：产生氧气负债

缺氧跑步是当你跑得过快或过久时，在锻炼中的某一点到达身体极限，肌肉无法获得足够的氧气来燃烧效率最高的燃料——脂肪，然后就去燃烧贮存糖分的有限供应——糖原。燃料产生的废物快速堆积在细胞中，导致肌肉拉紧、呼吸困难。这样的现象称为氧气负债。如果你一直以这种氧气负债的状态跑很久，你就不得不大幅度减低速度或者停止。但是如果你要追求现实的时间目标，以正确的步伐进行跑步，那么就会在每次锻炼或比赛末尾的时候进行一小段缺氧跑步。年长的跑步者需要限制缺氧跑步的时间，因为缺氧跑步的时间越多，需要恢复的时间就越久。

缺氧运动临界

当你增加了速度训练重复的次数时，当下缺氧运动的临界点就往后拖延了。这也就意味着你能比以前跑得更远——每周以同样的速度跑步，却没有气喘吁吁。肌肉令你移动得更远、更快而不会疲惫。每次速度锻炼能让你更加远离缺氧运动的时间区域。不论任何年纪，想跑得更快就要学习如何处理氧气负债。速度训练教我们如何在进入缺氧运动前跑得更远、如何处理其中的不适，以及如何在肌肉拉紧和疲惫的时候继续保持下去。它也告诉我们，当进入缺氧状态时，不一定非得放弃。如果你想跑得更快，学会在缺氧状态下保持跑步非常关键。

在速度训练重复间隔多休息

　　我发现年长的跑步者和年轻的跑步者一样能从速度锻炼中得到益处，即使在速度重复的间隔中，年长的跑步者休息得更久。

讲话测试你的有氧程度

- 有氧状态——呼吸平缓，你想说多久就能说多久
- 大多数在有氧状态——讲话 30 秒钟＋气喘吁吁不多于 10 秒钟
- 接近缺氧临界状态——只能讲不多于 10 秒钟，然后气喘吁吁超过 10 秒钟
- 缺氧状态——讲不了几个字，大部分时间都是气喘吁吁的

快肌纤维和慢肌纤维

　　我们的肌肉纤维天生由两种类型组成。快肌纤维比例高，能在短距离时跑得很快，但非常累。快肌纤维用来燃烧储存在肌肉里的糖分——糖原。这种燃料用于头 15 分钟的练习（也用于速度训练）后会产生大量废物，比如乳酸。如果我们在跑步的开始跑得过快，肌肉很快会变得非常紧张和疲劳，你会开始气喘吁吁并且越来越难受。这种燃料对于长距离的跑步来说供应有限。

　　如果慢肌纤维比例比较高，虽然你一开始不能跑得那么快，但是对于较长距离的跑步更容易保持下去。慢肌纤维燃烧脂肪，脂肪是一种很有效率的燃料，产生的废物极少。长跑会令慢肌纤维在最高水平工作，有效地燃烧脂肪，而且在延长长跑的距离时，你会训练一部分快肌纤维具备慢肌纤维的功能，把脂肪当成燃料

进行燃烧。

　　一旦一项比赛或一次锻炼的起始速度得到控制，跑得快的跑步者就能同时启动快肌纤维和慢肌纤维进行跑步，而且比赛结束时不会感到筋疲力尽。慢速和健步走间隔可以令你保持在有氧运动（燃脂）区域，在降低跑步水平后，还可以燃烧脂肪并延长耐力限度。

你是否过于努力地追求时间目标？

　　设定时间目标的年长跑步者会特别专注于跑得更快，这往往导致受伤。最先出现的一个迹象就是与跑步相关的压力越来越大，从而带来激励受挫的问题。当以下症状出现时，就要减少跑步里程并令身心重新协调起来：

- 跑步不再那么令人享受了
- 你不再期待跑步
- 当你和别人谈起跑步时，陈述经常是负面的
- 负面情绪渗透到生活的其他方面
- 你把跑步当成了工作而不是娱乐

速度训练的个人成长

- 如果在速度训练中没有过度训练，你就会越来越期待速度训练
- 不要只盯着你在比赛中的时间，速度训练的旅程也会带给你生活历练

· 大多数的跑步应该是有乐趣的，能帮助你迎接挑战
· 若某次锻炼很艰苦，就把注意力集中在锻炼后的愉悦心情上
· 不论年纪大小，满足感都来自于赋予自我力量，克服逆境
· 试着在每节锻炼中找到一些乐趣

　　速度训练项目的现实就是相比成功，你会经历更多挫折。你会在其中收获良多，从而成为一个更加坚强的跑步者、一个更加坚强的人。一开始面对挑战也许困难重重，但是你会在进步的过程中受益匪浅。总之要牢记，如果在快速跑步中受伤，你就会失去每次跑步所带来的愉悦。所以，务必小心谨慎，一旦出现受伤的迹象，就停止锻炼。

令跑步更轻快的训练

所有的跑步者都能从以下训练中受益。即使你从来没想过跑得更快，这些训练也会帮助你跑得更有效率。对于想提高速度的跑步者，可以把这些训练当作双腿没准备好迎接挑战时的替换练习。

接下来的步骤能帮助无数的跑步者跑得更轻快。每个人都能从中发掘自己的能力，减小压力，利用惯性和加快的节奏或腿脚的转移令跑步更顺畅。通过以下训练，你将使自己的动作更直接、更轻快，降低速度训练中的压力。

没有疼痛

如果腿部肌肉或肌腱在练习这些步骤后的第二天感到疼痛，就说明练习过度了，下次训练时要减少跨步的长度以避免疼痛加剧。每次训练时，应该轻柔地跑步，将其控制在生理机能的范围内，而不要突破自己的极限。

何时进行

应该在非长跑的日子进行这些训练。当然，放在比赛或速度锻炼前当成热身运动也是可以的。很多跑步者告诉我，这些练习给常规跑步带来很多乐趣。

配速跑训练

这项轻柔的训练可以帮助你跑得更流畅、更轻松。如果能够规律地进行配速跑训练，你就能同时把跑步中的所有利好元素集中起来。一星期一次配速跑训练会使你的步履更轻盈，同时增加每分钟的步数。它能令你以较少的力气跑得更快。

1. 健步走 5 分钟热身，然后轻柔地跑步和健步走 10 分钟。
2. 开始慢跑 1 ~ 2 分钟，然后自己计时 30 秒，在这半分钟内，计算左脚点地的次数。
3. 慢慢地健步走或慢跑约 1 分钟。
4. 在第二轮配速跑训练里，你的任务是增加 1 ~ 2 次点地次数。
5. 重复整个过程 3 ~ 7 次以上，每次尽量增加 1 ~ 2 次点地次数。

在改善步频的过程中，身体内部监测系统会逐渐适应一系列的演变，令脚、腿、神经系统和计时组合成一个有效的团队：

· 双脚点地更轻快

· 减少或消除了腿和脚的低效率运动

· 向上推的力量减小，所以可以向前运动

· 身体保持距离地面更近

· 脚踝更有效率

· 疼痛区域不会过度使用

备注：开始每一个步骤时，将过去一笔勾销。不论第一次点地次数是多少，保持连续性地增加 1 ~ 2 次的点地次数。

加减速跑训练

这项训练是速度练习的轻柔版。定期以这种方式训练，扩展速度范围，肌肉状态也会逐步提高。其最大的好处是学习如何利用惯性滑行。

1. 在非长跑日及相对短距离的跑步中途可加入此训练，或将其作为速度训练和比赛的热身运动。
2. 通过轻松跑步至少半英里来热身。
3. 许多跑步者在简单的热身之后就进行配速跑训练的练习，紧接着是加速滑行（如果愿意，可以将它们和步频训练分开来进行）。
4. 每次做 4 ~ 8 组。
5. 每周至少进行一次。
6. 禁止冲刺，不要竭尽全力地跑。

多年来，我在一日跑步课程和周末健身中教授了这一训练方法，观察到大多数人通过练习更好地理解了训练的概念（而不是训练的细节）。我希望你能加入其中的任何一期。同时，走到户外进行尝试，牢记不要令自己出现任何疼痛。

滑行。这是最重要的概念，就像下坡跑顺着惯性前进一样。如果你想，可以在跑下坡的时候做加减速跑练习，但是请在平地上至少完成两组加减速练习。

每周必做。同在步频的演练里一样，演练的规律性非常重要。如果你和大多数跑步者一样，那么一开始不会滑行得很远。规律性的练习可以帮助你学会如何滑行得越来越远。

别为小事烦恼。我已经总结了一套演练练习步数作为整体指引，但别太执着于精确的步数。

> **顺利过渡。**尽量每一步都能做到顺利过渡。每次调整速度的时候，利用现有的习惯启动下一个模式。不要突然改变，而是在模式之间进行温和的转换。

完成过程

1. 首先以非常慢的速度跑 15 步。
2. 然后加速慢跑 15 步，逐渐增加至你的常规跑步速度。
3. 现在，在接下来的 15 步里，逐渐增加到你目前的比赛速度。
4. 接着，是滑行的时候了。利用你可以利用的惯性，使自己逐渐把速度降到慢跑的程度。一开始，你可能只能滑动 4～5 步。通过日积月累，你可以逐渐增加到 20 步、30 步甚至更多……你在滑行了！

整体目的

　　每周进行该步骤的练习，你的跑步姿势将在各个模式里更科学。祝贺你！你学习到了如何以省力的方式保持比较快的速度。这就是本步骤的主要目标。

　　有几周，你滑行的时间会更久，别为此而担心。只要坚持规律地进行这个步骤的练习，基本上你就能在最小的滑坡滑行，甚至在平地上都可以达到 10～20 码①的距离。滑行能够保持体力、减少痛感和疲劳，有助于你在比赛里保持一个更快的速度。

---

① 1 码约为 0.9 米。

用于计划、评估和激励的个人日志

这是你的书

是的，你在写一本书，也许还包括跑步以外的事情。不管你是否想进步，日志都能帮你提前组织及记录你的跑步细节。之后，你可以审查各个成功或沮丧的事项，往往还能发现个中原因。如果我们没有观察到消极记录的背后原因，就有可能会重复性地犯错。

电子日志、训练日志、笔记本

越来越多的软件产品可以更快地把信息进行分类。和一家公司合作嵌入我的训练项目时，我发现这种方式能更快地找到所需信息。当设定自己的代码和章节后，你可以挑选对你来说重要的数据，分类后观察趋势，再提前规划。有些软件可以直接从心跳检测仪或

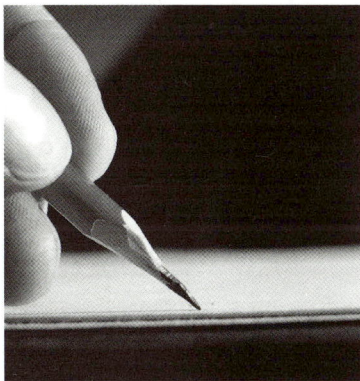

GPS 手表下载数据。

大多数的跑步者使用笔记本。简单的日志本可以用学校的笔记本或日历制成。最好的产品就是你最常用的东西。

计划过程

1. 在日志相应的星期里，记录关键比赛和主要锻炼活动。用荧光笔把这些星期标注出来。
2. 用铅笔记录未来 8 周内每周、每天分配的锻炼。
3. 确保未来的 8 周没有任何旅行、会议或家庭事务令你不得不调整锻炼。
4. 每周用铅笔增加下一周的锻炼量，标注旅行日程表的变化。
5. 每周仔细观望未来两周的计划，确保锻炼符合真实的生活日程表。

数据记录

1. 尽可能在每次跑完步后，在你的日志里记录这些结果：

· 里数

· 速度

· 重复次数

· 休息间隔

· 疼痛

· 问题

此外，你也许会记录：

跑步时间：

锻炼历时：

天气：

温度：

降雨量：

湿度：

跑走的频率：

跑步中的特殊情况（速度、斜坡、赛跑等）：

跑步同伴：

地形：

感觉如何（打分 1 ~ 10）：

评论：

2. 重温列表，填写更多的细节，比如情绪反应、能量变化或血糖水平，疼痛的具体部位——即使在跑步过程中痛感消失。你要找到一些规律，来显示受伤、血糖问题或者无法缓解的疲劳等。

早晨的脉搏能帮助你监测是否训练过度

醒来后立刻记录早晨的脉搏。

1. 一旦你有了意识，但还没进入思考状态时，数出一分钟内的脉搏数，在忘记之前记录下来。如果床边没有日志，就至少准备一张纸和笔。

2. 脉搏的上下波动是自然的，基于你醒来的时间及醒了多久等。但几个星期和几个月以后，这些都会自己平衡。理想的状况是在闹钟响起和思考压力出现之前，测得你的脉搏。

3. 积累大约两周的读数后，你就能为早晨的脉搏设定一个基线。去掉排名最高的两个读数，然后平均计算剩下的读数。

4. 平均数就成了你的指导。如果心率高于平均数的5%，就把那天设定为轻松跑的日子。如果心率高于10%，就是不正常的（除非是从一场令人兴奋的梦中醒来、服药或感染等），你的肌肉确实累了。如果那天本来要按日程表进行跑加走的运动，最好取消。

5. 如果你的脉搏居高不下超过一周，找医生检查，看看是否有什么别的原因（服药、荷尔蒙和新陈代谢的变化等）。

正确跑步姿势的原则

我在跑步培训学校及周末健身活动中分析了数以千计的跑步者，发现他们大多数人已经非常接近跑步的理想效率了。整体上，他们都在更轻松、更平顺地跑步。虽然犯的错误从来都不是大问题，但是一系列的小错误会导致跑得慢和疼痛，有时还会受伤。通过一些细微调整，大多数跑步者能感觉更好、跑得更快。

年长的跑步者在步伐长度和额外弹跳等处犯了小错误时，恢复期的时间就会大大延长。在我详细讲述这些常见问题之前，先看看半英里以上长距离跑步姿势的原则。

惯性是我们的朋友

远距离跑步者的主要任务是保持惯性。跑步时只需要很少的力量，即使在进行 800 米短跑比赛时。在第一个 100 米里，让身体为跑步开始运动产生韵律。然后，最佳的策略就是在保持惯性的同时保存体力、减少疲劳和疼痛，然后你的右脑在肌肉记忆的帮助下，就会直觉性地把你的机制和活动调整到最省力的模式。

人类的身体有许多生物力学的演变，经历过去 100 多万年的跑

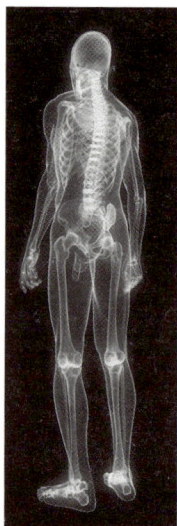

和走，这些演变越来越有效率。解析人体的跑步效率，源于脚踝和跟腱——我把它们专门列为一个单元。人体的部位并不平均，却能组成一个极其复杂的系统，集合提升、弹跳、平衡等各个功能。生物力学专家认为这种发展程度并不是走路所需的。当我们远古的祖先们不得不以奔跑求生存时，脚踝、脚后跟就通过演化成为了生物工程的杰作，逐渐适应了长途跋涉。

通过几周的常规跑步和训练，你就能最大化的使用脚后跟和脚踝，从而通过很少量的肌肉工作达到更快、更有效率的前行运动。在开始的时候，你的双腿也许会有一点疼。但是当你达到更好的状态时，耐力也提升了，你就会发现只要增加一点点力气，甚至毫不费力就能跑得更远、更快。其他肌肉组织提供了支持，有助于调整整个过程。当你感觉到疼痛时，也许是因为跑步的方式不对，恢复到基本不用脚踝和脚后跟，就常常能让你感到平顺、有效率，而且跑得很快。这样也许会减弱疼痛或消除疼痛的源头。

年长的跑步者通常受益于：

- 双脚拖行离地面更近
- 步伐间距短小能极大减少肌腱和肌肉受损的可能性
- 脚部触地轻盈
- 努力使步频更快（通过上一章提到的配速跑训练）

年长的跑步者应该避免：

- 延长步伐间距
- 从地面弹起
- 脚部落地太重

低效率姿势的三种坏结果：

1. 费力的运动会导致疲劳加剧，需要很久才能恢复
2. 肌肉或肌腱超越了使用极限，从而导致断裂或受伤，或只是疼痛
3. 消极经历令人跑步的欲望减低，从而导致中断

　　摇晃：始于一般的疲劳，对你身体的机能底线产生压力，比如在锻炼或比赛结束的尾声，肌肉已经超越了它的极限，然而你又想保持现有的速度，身体就会使用其他的肌肉和肌腱令你继续跑下去。你开始"摇晃"是因为这些替换型的肌肉和肌腱本身就不是用来完成这项工作的。"摇晃"得越久，你就越有可能受伤。

　　累时阔步：几种本能都会伤害到我们自己。比如很多跑步者会在疲劳的时候，下意识地迈开大步来保持速度。这样也许能奏效一小会儿，代价是股四头肌、腘绳肌和其他组成部分过度紧张。当你跑到末尾，感到摇晃在一点点加剧的时候，缩小步伐回到平稳的移动往往效果更佳。只要你在平稳跑步的时候没有感到任何疼痛，感到疲劳也继续跑是可以接受的。但是如果这意味着要延长步伐间距或者摇晃，就不妥了。

　　无膝盖提升：通过减小提升膝盖的幅度来保持速度，会导致股四头肌、髋关节和腹股沟疼痛。

　　保持敏感并避免刺激：我不建议每个人都达到完美的姿势。尝试留意你的姿势问题，做出改变以防止产生疼痛。这会令你跑得更平顺，减少疲劳感，假以时日，就会助你跑得更快。

放松肌肉，特别在跑步快结束的时候

　　整体来说，跑步动作感觉平顺的话，颈部、背部、肩膀和腿部就不应该紧张。即使在艰苦锻炼或赛跑的最后半英里中，为了保持良好姿势的三大主要因素，你都应该保持放松：直立的姿态，脚部距离地面近，步伐轻松。不该试图带着紧张和疼痛来完成。调整你的姿势，减少疼痛和恢复时间。

三大要素：姿态、弹跳和步幅

　　通过为几千个跑步者提供咨询，我发现跑步者的问题往往存在于以下三个方面。这些问题就像个人签名一样，因为独特的移动形式取决于你过度使用的那个区域。通过小幅度的改变跑步姿势，你就能减少或消除问题的来源，同时也是疼痛的来源。

姿态

　　良好的跑步姿态实际上就是良好的身体姿态。头部自然保持平衡，位于肩膀之上，和髋关节平行。因为脚部在身体下方，所有这些因素都和平衡有关，所以支撑身体、保持运动几乎不需要能量。保持良好的姿势，你就不用无比辛苦地把任性的身体从摇晃和低效率的移动中拉回来了。

前倾——最常见的错误

　　姿态的错误大多数是由前
倾导致的，尤其当我们疲劳的时
候。头想尽快冲到终点线，但是
腿却不能跑得更快了。速度训
练末尾常见的倾向就是头部前
倾。在比赛中，这么做可能会
导致快到终点线时摔倒。一个
前倾的姿势常常会在后背下方
或颈部集中疲劳、疼痛和紧张。
生物力学专家注意到，一次前倾就会减小步伐的长度，从而使跑步
的速度下降或需要付出的努力加大。

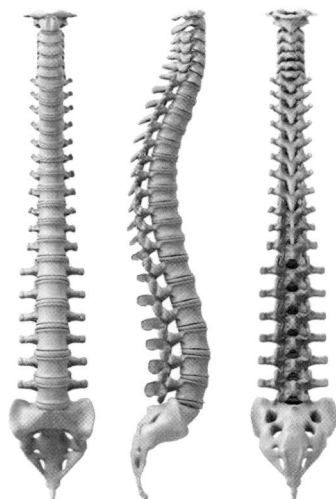

　　一切从头开始。当颈部肌肉得到放松时，头部自然能够找到一
个和肩膀平衡的位置。如果颈部感觉到紧张或后来感到疼痛，往往
是因为头部前倾得太厉害了。这会引发上半身的不平衡：头部和胸
部对比髋关节和脚部略有提前。有时候，头疼是由姿势的问题导致
的。可以向跑步同伴询问并判断自己的头部是不是过于前倾或向
下。往往在跑步很疲劳且快要结束的时候，就会出现这样的问题。
理想的位置则是保持头部基本直立，双眼注视前方大约 30 ~ 40 码
远的路。

小秘方

我的书里提到的两种力量练习可以帮你维持正确的姿态："手
臂跑步"和"卷腹练习"。

髋关节错位

髋关节是跑步姿势的主要组成部分，很容易错位。髋关节错位的跑步者，从侧面观察时，臀部会位于身体的后方。当骨盆区域后移的时候，双腿就无法达到理想的移动范围，阔步的长度也缩短了。就算花费很大的力气，速度也会变慢。许多跑步者在髋关节偏后的时候都有脚后跟落地更硬的倾向，但也并非总是如此。

少见的后倾

尽管很少见到跑步者向后倾，但也时有发生。我的个人经验是，它常常是由脊椎或髋关节的结构性问题导致的。如果你会后倾，同时颈部、后背或髋关节感到疼痛，就应该找一位背部骨科医生看一看。其中一个症状是鞋的后脚跟处过度磨损，但也有其他原因说明为什么你会出现这样的磨损。

纠正姿势："联机木偶"

我发现纠正姿势问题的最好方法就是想象练习：想象自己是一个连着线的木偶。换句话说，你就像一个从上方悬挂起来的木偶一样悬浮着——不管头还是肩膀的两侧。以这样的方式，你的头部就能和肩膀对齐，髋关节垂直居下，下面的脚也能自然而然地轻轻触地。在跑步中做几次"木偶"是不会伤害到任何人的。

将深呼吸和想象练习配合在一起将更有帮助。大约每隔四五分钟，当你从健步走间隔后开始跑步的时候，深深地从肺部以下呼吸、拉直身体，说："我是一个木偶。"然后想象你不用花任何力气就能保持直立的姿势，因为有绳子从头顶上拉着你保持原样。当你持续这么做的时候，就强化了正确的姿势。这样的行为能够形成一个好习惯。

直立姿势不但可以令你保持放松，而且还能改善步幅。当身体前倾时，你就会缩短阔步保持平衡。当身体直立的时候，步幅则自然增加大约一英寸而不会消耗精力。

注意，不要试图延长步幅。当步幅自然增加的时候，你是感觉不到的——你只会跑得更快。

氧气的好处——不再单侧疼痛

当身体直立的时候，可以改善呼吸。倾斜的身体无法合理利用下肺部，而且会导致单侧疼痛。当你直立地跑步时，下肺部能够获得足够的空气，使得氧气吸收最大化，从而减少单侧疼痛的机会。

弹跳

最有效的阔步是用脚贴着地面拖着走。只有为了成功避开绊脚石或不平的人行道时抬脚，其他时候都保持脚低到地面。即使在跑得很快的时候，大多数的跑步者脚和地面的距离都不需要 1 英寸以上的间隙。当你增加速度和脚踝活动的时候，脱离地面的高度会超过 1 英寸一点。再说一次，不要试图延长步幅，让它自然地发生吧。

脚踝和跟腱连在一起像弹簧一样，令你每跑一步都在前进。如果你能保持脚低到地面，只需要非常少的力气。使用这样的"拖步"技巧，跑步基本上就变得很自动了。当跑步者错误地弹起时，他们会试图特别重地落地。这通常会导致花费额外的力量把身体从地面提起来。原本用来跑得更快的精力就这样浪费了。

弹起更高的负作用还会被重力放大。升起的高度越高，落下的时候越重。每次离开地面的额外弹起都会对脚和腿施加很多冲击力。在速度训练、比赛和长跑中，过多的弹起会产生各种伤痛。

纠正过多的弹起：触地轻盈

理想的脚部"触地"应该是轻盈的，你往往都感觉不到自己的弹起和落地。这就意味着双脚保持低到地面，并且有效率、自然地移动。不是试图克服重力，而是和重力同步。如果跑步时脚部轻拍地面，那么你肯定会以更轻地触地来改善的。

轻盈触地训练

在跑步中段，为自己计时20秒。主要动作：触地轻盈到自己都听不到脚步声。此练习不允许使用耳塞。想象自己在很薄的冰面上跑步，或穿过炙热的煤堆。完成几组20秒钟触地练习，脚步越来越轻。做这项练习的时候，你的脚几乎感受不到冲击力。在累的时候做这项练习，特别有益。

步幅

研究显示，随着跑步速度加快，步幅会缩短。这明确地显示了跑步更快和更有效率的关键是加快脚与腿的节奏（步频更快）。各种疼痛和受伤的一个主要原因就是步幅过长。不确定的时候，最好缩短步幅。

年长的跑步者会自然经历跑步肌肉的拉紧。这往往并不是什么问题，只是一个实际情况。当身体适应了跑步移动后，身体会自动编排，从而令跑步更有效率。不要试图"伸展"跑步后疲惫的肌肉。跑步后的伸展运动会产生很多伤。

不要提升膝盖！

大多数世界级的长跑运动员都不会抬高膝盖。当膝盖提升得过高时，会过度使用股四头肌，从而导致跨步过长、效率低下。这经常会令股四头肌在接下来的一两天产生疼痛。

不要向前踢得太远!

观察一下腿部的自然移动,会发现当脚在跑步中轻柔地向前移动时,腿也会轻轻地向前踢,然后降到下方接触地面。如果整个移动过程很自然,大腿和小腿的肌肉就不会紧绷。

小腿肌肉前部、膝盖后方或腘绳肌的疼痛或紧绷说明你向前踢得太远,纠正它的姿势是保持低到地面、缩短步幅及轻触地面。

坚韧不拔的精神

左脑 vs 右脑

大脑有两个分离的半球，并不相连。具有逻辑思维的左脑掌管我们的逻辑活动，总是令我们转向快乐、远离不适；充满创意和直觉的右脑则是解决问题的无数方法的源泉，令我们和隐藏的力量联系在一起。

压力积累的时候，左脑会传达一系列的信息："慢下来""停""今天运气不好"；甚至还有一些哲理性的讯息，像"为什么你会这么做？"即使在左脑告诉我们这些讯息的时候，我们依旧有能力保持在既定轨道上，令自己的表现更上一层楼。

接受指令而非动机的第一步就是忽略左脑，除非存在健康或安全的合理原因（极少），或者你跑得比合适的速度快得多。这里有三种成功的策略来应对左脑，以让右脑开发你的潜力解决问题。

保持坚韧不拔的三大策略

这些策略能让右脑工作，提出问题的解决方案。在精神上做好迎接挑战的准备，就会赋予右脑力量来处理问题并挖掘到力量的内在源泉：坚忍不拔的精神。你正在安装一个寻找方法完成工作的软件。

I. 排练

排练发展的思维模式能规范面临挑战所需的行为。在艰难的情境中，你不要想压力或挑战，而只想完成这项工作。你应该努力去解决问题而不是只关注问题，也应采取必要的行为来对付问题。"挑战排练"会用一系列的行为将大脑格式化，使其用自发的行为引导你到达终点。重复并调整这种模式，你就会在真实的生活里做出改变。模式将变得越来越连贯，当你在现实生活中遇到挑战的时候，会觉得很有自信使用同样的方法。让我们通过实践来学习吧。

步骤 1 在忙碌一天之后出门

1. 陈述你想要的结果：在辛苦了一天后，穿上跑鞋出门跑步。

2. 细化挑战：低血糖，疲劳，一堆消极讯息，有些家庭事务需要处理，急切地想让自己感到放松。

3. 把挑战分解为一系列的行动，引导自己跨越精神上的障碍，而且不对左脑产生挑战。

   一天结束的时候驱车回家，你知道那天是锻炼日，但没有力气了。

   你的左脑说："你太累了。休息一天吧。你没有力气跑步。"

   所以你对左脑说："我不要运动。我会换上舒适的衣服和鞋，吃吃喝喝，准备好晚餐要用的食材，让自己彻底放松。"

   你在自己的房间里，穿上舒适的衣服和鞋（恰好是用来跑步的）。

   你在喝咖啡（茶、健怡可乐等），品尝好吃的能量零食，并把准备好的食物放进了烤箱。

迈出家门，查看天气。

你走到所住街区的尽头，看看邻居们在做什么。

当你过马路的时候，你就在路上了。

内啡肽出现了，你感觉很愉悦。你想继续下去。

4. 反复排练这个场景，不断调整，直到完全融入你的思想和行动
——想象你要攻克及挑战的具体场景。

5. 最终你会在精神上非常享受跑步之后的愉悦，达到想要的结
果。你感觉棒极了：态度积极、充满活力，并且完全放松下
来。你在那个夜晚余下的时间里享受着成就感。

步骤2　在清晨出门

几乎每个人都经历过这样的早晨：闹钟关上后，感觉重力似乎
比平时大。

1. 陈述你想要的结果：早晨从家出门去健步走和跑步。

2. 细化挑战：想赖床，不想起那么早，闹钟的压力，必须在大脑
运转不快的时候想接下来做什么。

3. 把挑战理解为一系列的行动，引导自己跨越精神上的障碍，而
且不对左脑产生挑战。

头一天睡觉之前，在咖啡壶旁边摆好跑步的衣服和鞋，这样你
就不得不考虑了。

设定闹钟，对自己一遍又一遍地讲："关闭闹钟，脚放地上，
走到咖啡壶旁边"，或者"闹钟、地板、咖啡"。当重复这些的
时候，你就会不假思索地把每个动作可视化。通过重复，你会
安然入眠。你已为自己设定好第二天采取行动的程序了。

闹钟响了。你关上它，脚踩着地，走向咖啡壶——完全不用
思考。

你每次穿上一件衣服，小啜一口咖啡，并没有想到运动。

你把咖啡杯握在手里，走出家门看看天气如何。

喝一口咖啡，你走到了街区的尽头看看邻居们在做些什么。

放下咖啡，穿过马路，你已经完成了休息！

内啡肽出现了，你感觉良好。你想继续。

4. 反复排练这个场景，不断调整，直到完全融入你的思想和行动——想象你要攻克及挑战的具体场景。

5. 最终你会在精神上非常享受跑步之后的愉悦，达到想要的结果。你感觉棒极了：态度积极、充满活力，并完全放松下来。你整整一天享受着成就感。

步骤 3　超过疲劳点——你想减速的地方

情境：你正参与一次艰苦的锻炼或比赛，而且真得很累。左脑在告诉你今天达不到自己的目标了："就减速一点点，未来的日子再努力。"

评估：是否有真正的医学原因导致你不能按照预期的计划跑步？如果是，撤出并观望——未来还有时间。如果是温度和天气的问题，那就调整。例如，气温在 16 摄氏度以上每增加 5 摄氏度就减速。

当温度低于 16 摄氏度的时候，问题就简单了，是你不愿意完成。令精神坚忍起来的最有效方式就是在自己逐渐超越极限的时候继续跑。在你逐渐增加重复的数量时，速度训练就会让一切自然而然发生。当你延长跑步距离、增加速度训练小节后，身体和精神就会一起助你在面临挑战的时候坚持下去。

不要放弃！坚忍的精神始于不放弃。忽略消极的讯息，集中注意力完成跑步。如果你获得了足够的训练，坚持下去、不断地跑。

在速度训练中，尝试以下练习。调整这些练习就会让你在参加目标赛跑的时候，有策略地保持坚韧的精神。

场景

你特别累，很想退出，或至少大幅度地减速。

快速策略：

· 把剩余的锻炼或比赛分成几部分，这样你就知道你可以完成。

· 再来一分钟：跑一分钟，然后稍微减速（或健步走）10～20 秒，然后说："再来一分钟。"不断重复。

· 再来十步：跑约十步，轻松放缓脚部，然后说"再来十步"。

· 再来一步：不断重复地说"再来一步"，你就会到达终点。

拖步休息

· 每 1～2 分钟就拖走几步，缓解腿部肌肉和脚部的紧张。通过"拖步"练习，你会发现自己在并不需要减速的同时，肌肉感觉更佳了。

一圈圈，一里里

· 锻炼中，每开始一圈就对自己说："只剩一圈。"（尽管你还有四圈）或："我只要跑半圈。"你就会完成整个跑步。你一直在和自己的左脑谈判。

· 在场地赛时，说"再来一圈"或"再来半圈"或"就绕个弯"。公路赛里，说"再来一英里"或"再来一个街区"或"就绕个弯"。

· 当你接近终点，真觉得自己没法再跑时，不如对自己说，"我很强"或"我能坚持"或"是的，我能"或"再来一步"。

II. 神奇话语

即使是最有动力的人，在一场艰苦的锻炼或比赛中都有想退出的时候。通过使用成功的洗脑技巧，你就能冲破重重的消极思维，在终点时感觉像冠军一样。在这些天里，你不仅达到了终点线，还克服了中间的种种挑战。

回想你在艰苦的锻炼或比赛中所遇到的问题，这些问题极有可能再次为难你。当你完成一系列速度训练和长跑的时候，你会遭遇每一个在赛中遇到的问题。当你因为这些问题而开始失去动力时，想想之前的经历，然后最终完成比赛，克服挑战。

盖洛威的神奇话语："放松……力量……滑行"

在非常艰苦的跑步中，有三个挑战是不断出现的：第一，我在非常累的时候很紧张，担心在终点会挣扎得很痛苦；第二，我觉得失去了在比赛初始的弹跳和力量，担心后来没有力气了；第三，我的跑步姿势开始支离破碎，担忧"摇晃"会进一步恶化肌肉和肌腱，令自己更加疲劳。

过去 30 年里，我认识到真正的焦虑来自于对问题的担忧而非问题本身。同时，也认识到神奇的话语能帮助我良好地分配时间，

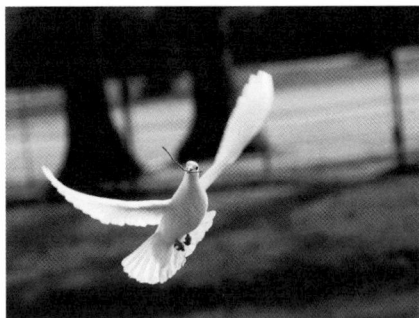

集中注意力解决任务、远离担忧，令我在赛场上可以跑完几百码。将每一个积极的因素可视化后，也会有所帮助。真正的神奇来自于我完成的与此有关的几百个成功经验——当我开始不去想这些挑战时，却克服了问题。每当我"跑完"一个或多个充满挑战的情境，就把经验和这些神奇的话语联系在一起，令它更加神奇。

现在，当某些事不对头的时候，我就会不断重复那三个词。不断累积的焦虑没有了，取而代之的是重复令我冷静下来的词语。尽管我在跑到 5 英里的时候并没有感到自己像在 1 英里处那么有力气，但我知道自己从过去的经验里总结出了一套总能赋予我力量的战略。而且，当双腿不再有效率地前进和弹跳时，我会调整自己，继续前进。

当我说起与成功经验有关的那些神奇话语时，它产生了两种积极的效果。这些话能够唤起大脑美好的回忆。一段时间内，左脑中的消极信息完全不起作用，我常常能在消极信息返回之前多跑上一两英里。但是，第二种积极的效果更加强大：这些话能把你和右脑直接联系在一起，从直觉上把你曾经解决问题的经验和现在联系起来。

若想在任何日子都成功，你只需要完成比赛。大多数时间，你只要不放弃把一只脚放在另一只的前面就能熬过"糟糕的部分"。如果身体完成了所有必要的训练，你便需要克服左脑在一系列锻炼和早期比赛中产生的消极信息。这样就会一次次地积累更多信心。随意使用我的神奇话语吧，或者发展出自己的一套话语。积累的词语和经验关联度越大，它们产生的魔力就越大。

III. 肮脏伎俩

彩排步骤的战略会令你更专注、更系统，同时减少跑步初始的压力。神奇话语会帮你完成训练和比赛，克服大多数挑战。但是在特别艰难的时候，左脑耍耍小把戏也能有所帮助。

"肮脏伎俩"能快速让左脑分神一段时间，令人踏踏实实地在公路或赛道上多跑 300 码甚至更多。这些想象力和疯狂画面背后或许没有任何逻辑。但是，当左脑产生了一个创意的信息后，你便常常能在一段时间内迷惑左脑并终止消极的信息流。

肮脏伎俩：巨大的隐形橡皮筋

当我在长距离或辛苦的跑步中感到很累的时候，就会打开这一神秘武器，投向前边超过我或正大胆超我的那个人。在一段时间内，这个人并没有意识到他已经被我"套住"，然而我已经得到了被带着跑的好处。当我在脑海中把自己投射到这样一个画面约一两分钟后，就不得不为了相信这样一个荒唐的概念而大笑。当你定期这么做的时候，往往能产生更多有趣的想法。

右脑中存在无数的肮脏伎俩。一旦你启动了它，就很有可能体会到解决当下问题的办法。一旦你用第一个"肮脏伎俩"启动右脑，右脑就会在剩下的路上不断地给你各种乐趣。

Chapter 3

运动营养学

针对年长跑步者的建议

100 年以前，人类的平均寿命是 42 岁。今天，我们大多数人的平均寿命延长了一倍。随着年龄的增长，我们收获的不只是皱纹和银发，还有成熟的心智——对死亡的敬畏和维持健康的强烈愿望。作为一个正在老去的跑步者，虽然竞技能力不强，但你依然希望持精力充沛。也许你会猜想自己和年轻的运动员在运动营养上是否截然不同，但迄今为止的研究显示，年长的运动员在营养需求上并无太大不同，优化你的日常运动饮食，甚至有可能超越年轻的运动员。

你最应该关心的营养问题是每天从营养丰富、有益健康的食品中摄取优质的热量。这些食物应该为：

· 摄入性能最佳的
· 辛苦锻炼后可以加强恢复的
· 能降低患心脏病、癌症、骨质疏松及老化衰弱疾病的风险的

下面的营养贴士能帮你建立一个适用于所有跑步者的最优食物计划，包括在马拉松比赛里称为"生命"的食物。不要像米奇·曼

托（Mickey Mantle）那样结
束生命，他曾经说过："如
果我能知道自己会活这么
长，一定会更好地照顾自
己……"

如果你从来没有尝试过，
可以从现在开始塑造自己的饮食
习惯！衰老的疾病其实是缺乏
营养的疾病（以及不活动）。吃得好可以减少体重的增加幅度，降
低患高血压、心脏病、结肠癌及骨质疏松的风险。吃得好还有助于
你完成训练。别让营养成为你跑到 100 岁的计划中缺失的一环。同
运动营养师交流，优化你摄入的饮食。

碳水化合物

　　餐饭要集中在有益健康的碳水化合物上。混合谷物的面包、黑
麦饼干、糙米及麦片是有益身体健康的谷类食物，既能为肌肉补充
能量，还可以预防癌症、糖尿病和心脏病。碳水化合物含量丰富的
水果如香蕉、橙子及水果干和水果沙冰，这些也能补充能量、有益
健康。

　　· 碳水化合物不会令人发胖，热量过多才会发胖（特别是热量
　　　过多的脂肪）。享受优质的碳水化合物（谷物、水果和蔬菜）
　　　作为每顿饭的基础。甚至是节食的跑步者都应该进食碳水化
　　　合物来为肌肉补充能量。

· 碳水化合物不会引发糖尿病（缺乏运动及脂肪过多是 Ⅱ 型糖尿病的两大罪魁祸首）。经常健步走和跑步的糖尿病患者，甚至应该每餐进食碳水化合物。

脂肪

你应该限制从有害健康且富含饱和脂肪的食物中摄取过多的热量（曲奇、汉堡、黄油和汤汁），同时多吃促进健康的坚果、橄榄油、芥花籽油和鱼。这些脂肪具有保护健康和抗炎的效果。一些衰老类型的疾病，比如心脏病和糖尿病，都被认为是由发炎而引发的。

多吃植物和鱼油也是减少发炎的智慧之选。（例如，每周进食花生酱 5 次以上的人，罹患心脏病和糖尿病的风险可以降低 20%。）

每餐享受一点健康的脂肪：

· 燕麦卷上的杏仁片
· 坚果营养棒作为零食
· 鲑鱼作晚餐
· 沙拉上洒一些橄榄油

脂肪不仅令人具有饱腹感，而且少量的脂肪也是耐力型跑步者的重要燃料。

最重要的营养：水

不论你以水、果汁还是其他饮料来
吸收液体，都要保持每天饮水的规律。
一般情况下，你可以把口渴程度当成是
消耗液体的指标。我并不是要告诉你每
天必须饮用 8 杯水，因为目前为止我还
没看到任何关于它的补充研究。这个领
域的研究院告诉我，研究显示如果我们
只在口渴的时候规律喝水，体内的液体
水平就能被快速且均匀地补充。

如果在健步走或跑步的过程中不得不去洗手间，就说明运动前
和运动过程中的确饮水过多。

大多数运动者在 60 分钟以内的运动中是不需要喝水的。运动
前摄入液体是必要的，这样多余的液体就会在跑步时被耗掉。但每
个人的情况不尽相同，所以你需要找到最适合自己的方式。

参与过大多数马拉松赛事的医疗专家建议，长跑 4 个小时以上
的时候，每小时饮用液体不得超过 27 盎司①，而大多数人的饮水
量其实远远低于这一标准。

年纪越大，你体内的口渴机制就越不敏感。也就是说即使没感
到口渴，你体内也许已经需要补充液体了。另外，年长的身体含水
量较低，肾功能的减弱对水合作用也能产生影响。幸好，良好的体
型可以延缓一些和年龄相关的液体新陈代谢变化。为了减少慢性缺
水的风险，充分饮水可以确保你每 3 ~ 4 个小时都会排尿。如果你

————————————
① 1 盎司约为 28.35 毫升。

从早上 8 点到下午 3 点都持续不想排尿，就开始多喝水吧！尿液看起来应该是浅色的，像柠檬水一样，而非深色且浓的。不一定非得喝白开水，水果汁、酸奶、沙拉、汤，甚至咖啡和冰茶都可以满足你对液体的要求。

体重

即使是精英跑步者也会随着年龄增长而增加一点体重。然而，非精英的跑步者增加的体重可能会很多！保持运动，另外摄入优质的热量来投资健康，是最佳的体重管理技巧。坚持你的训练计划，在不训练的时候也要保持活跃。也就是说，能爬楼梯就不要搭电梯！

钙

尽管你的骨骼已经停止生长，可它们仍然有生命力，需要阻力练习和摄取日常钙质来强化骨骼。这条建议男女均适用。每餐选择钙质丰富的食物（包括低脂牛奶或豆奶产品），你就能达到《饮食摄入建议》的每天 1200 毫克钙质。跑步者可以轻松选择营养丰富的饮食来满足钙的需求，比如：

- 早餐 8 盎司牛奶（300 毫克钙）和麦片
- 午餐 8 盎司酸奶（400 毫克钙）
- 一杯拿铁作为零食（无咖啡因）
- 晚餐低脂牛奶（300 毫克）

通过选择钙质丰富的食物来代替补品，你吸收的就会是一套保护健康的营养物质。钙质补充物是用来丰富食品的选择的，而不是替代所有的食品。如果骨骼附属的肌肉变强，骨骼力量也会改善。确保加强力量练习，比如每周至少两次举重。

维生素

随着人们年龄的增长，维生素 D、B_6 和 B_{12} 的摄入量也要增加。所有维生素都有保健的好处，特别是维生素 E、叶酸、核黄素、维生素 B_6，以及钙、锰、锌等矿物质。为了确保摄入以上丰富的营养物质，进食优质食品之余，还可以服用维生素和矿物质药物补充饮食，作为"健康保险"。同时也看看食物标签的"营养成分"，好知道自己吃了什么。能量棒和全麦食品富含的各种维生素和矿物质，也许就已经超过了个人需求。

虽然服用复合维生素和矿物质药片不会损害健康，但是颜色丰富的水果和蔬菜才是全天然维生素的最佳来源。通过食用五颜六色的食品（蓝莓、香橙、胡萝卜、西红柿、青豆等），不仅可以吸收大量有益心脏和血压健康的维生素 C、钾及叶酸，而且还有很多被认为可以预防癌症的植物化学物质。为了提高从食物中摄取的维生素，早餐时可以享用大量水果（比如麦片搭一个大香蕉加一杯橙汁），中餐或晚餐可以吃一些不同颜色的蔬菜（一份大号沙拉或一份蒸熟的花椰菜）。

还要保持运动：运动得越多，吃得越多，吸收的维生素也更多。

小秘方

如果你已经把饮食方式转变为"全食"和"全天然"，请留意这些食品可能富含过多维生素。因此，你可以把"全天然食品"和标准食品随意混搭。

抗氧化维生素

抗氧化维生素补充剂——比如维生素 C 和维生素 E，尤其受到年长运动员的欢迎，但研究并没有验证它的实际效果。身体就额外的运动可以产生额外的抗氧化剂，而且会对食物产生更多的渴望。窍门就是多吃富含维生素的水果蔬菜，而非曲奇和甜品来填饱肚子。这些有益健康的食物可以协同工作产生复合作用，效果远远好过维生素药片。

尽管充足的维生素有益健康，但是过多的抗氧化物则可能有害健康。例如，（年轻组）铁人三项运动员在夏威夷铁人三项比赛前8 周服用过多的维生素 E（800 国际单位），会导致有害的发炎效果。首席研究专家戴维·尼曼（David Nieman）博士认为，过多的抗氧化剂会转化为助氧化剂。它会产生令人讨厌的不平衡，从而激发容易发炎的效果，与初衷背道而驰。选择吸取抗氧化补充剂的底线是制订摄入的最高限度（2000 毫克维生素 C 和 1000 毫克维生素 E）。

随着年龄的增长，人们运动得越来越少，甚至连运动员也是如此，这也就意味着他们进食得更少。充满活力的 80 岁男性所需的热量比他在 50 岁时减少了 200 卡路里，女性则会减少 150 卡路里。这很有可能归结于运动量更少，或者整体活动的减少（会有更多的休息）。但是他们摄入的卡路里越少，吸收的维生素就越少。老生常谈的是确保每天服用复合维生素和矿物质药物。"老年配方"是最佳的，因为它能服务年长的人们。

小秘方

许多复合维生素和矿物质药物都极少含钙，因为钙本身所占的空间很大，如果含钙，药片就会过大而无法吞咽。这就是为什么一粒单独的钙片对于那些无法从食物中获得钙的人来说那么重要。

恢复

如果锻炼后恢复得很慢，仔细看看跑步后的加油实践。为了能与年幼的孩子们（或孙辈们）一起玩，在运动后的一个小时之内吃一些碳水化合物和蛋白质的混合物，过两个小时再进食一部分。享受朱古力奶、水果酸奶、麦片混奶、三明治或一餐饭。你的肌肉需要蛋白质来重建和治愈，还需要碳水化合物作为燃料。你吸收得越早，就会恢复得越好！

维持肌肉

说到维持强壮的肌肉，这句话确实是真理：要么使用它，要么失去它。你可以通过一周至少两次的力量训练，阻止衰老带来的肌肉减少。强壮的肌肉不仅令你更有力量，而且可以帮你防止新陈代谢减缓。也就是说，你的新陈代谢速率是由你拥有的肌肉数量驱动的。肌肉组织越多，你需要的热量就越多，你吸收的蛋白质、维生素和矿物质就越多。

蛋白质

为了生成、维持和修复你的肌肉，你需要每天进食足够的蛋白质。随着年龄的增长，你对蛋白质的需求会略微增长，但是还不至于单独出一个蛋白质建议摄取量。按体重计算，运动员的目标摄入量是每公斤应摄取 1.2～1.7 克的蛋白质。如果你在控制热量（比如节食），就需要稍微多进食点蛋白质。因为当你存在热量赤字时，身体就会把蛋白质作为脂肪来燃烧，而不会把蛋白质用于生成和修复肌肉。对于一位 68 公斤重的年长跑步者来说，蛋白质的每天摄入目标是 90～120 克。为了达到这个目标，除了喝钙质丰富的牛奶或酸奶，还要计划每天每餐饭都进食蛋白质。

例子：

· 花生酱土司（10 克）＋一杯拿铁（10 克）

· 夹有 2 盎司火鸡肉的三明治（15 克）＋1 盎司低脂芝士（7 克）＋一份酸奶（10 克）

· 意大利肉酱面（25 克）＋8 盎司牛奶（12 克）

· 众所周知，红肉有害心脏健康，其实只要是纯瘦肉，同样也可用于运动饮食。（牛肉中的胆固醇含量和鸡肉、鱼肉相似。）瘦牛肉不仅含有蛋白质，还有对年长的跑步者很重要的铁、锌、维生素 B 和其他营养物质。

· 鱼类含有丰富的蛋白质，特别是鲑鱼、剑鱼、吞拿鱼和其他油脂鱼含有保护健康的脂

肪，能够降低心脏病、癌症的风险，缓解关节炎的不适。因为这些鱼类可能含有令人讨厌的汞，所以每周摄入的鱼肉应尽量少于 12 盎司。

· 如果你喜欢素食，可以大量进食豆类、坚果和豆奶，它们可以提供充分的蛋白质。把核桃仁切碎后加入燕麦粥，在口袋饼里加入鹰嘴豆或煎炒豆腐。

葡萄糖和软骨素

如果你有轻度到中度的骨性关节炎，你也许会对葡萄糖和软骨素感到好奇：这两种补充物能够缓解疼痛，还有减缓软骨损害的可能。美国国家健康研究院已经进行深入研究并确定了这些补充物的有效性。这项研究结果（涉及 1583 人，平均年龄为 59 岁）显示，补充物缓解轻微膝盖疼痛的效果并不比安慰剂要好，但是对中度或重度膝盖疼痛的人有好处。

一些专业人士基于补充物的食用形式，质疑了这项研究的结果。在更深入的调查提供更多的信息之前，如果你选择使用补充物来代替阿司匹林和消炎药，请注意：

· 确保所买品牌来自于大型的、声誉良好的企业，他们生产的葡萄糖或软骨素在质量上比小型的、便宜一些的品牌更好。
· 摄取研究报告中的分量：基本上葡萄糖为 1500 毫克 / 天，软骨素为 1200 毫克 / 天。成本为每天 1～3 美元。
· 如果在 6～8 周内没有感到任何有益的反应，停止使用。不是每个人都有反应的。

· 如果你正服用稀释血液的药物，要戒除软骨素。软骨素会令血液黏稠。

铁

过了更年期的妇女不需要额外的铁，所以男性和女性对铁的需求是相似的。你不应该摄取铁的补充物，因为对于不缺铁的人来说，过多的铁也许会引发心脏病。

如果你因为关节炎和关节疼痛正在服用阿司匹林和消炎药，就要知道血液损失可能是因为服用药物而导致的肠出血造成的。在这种情况下，你也许会觉得自己贫血，需要铁的补充物。

药物营养成分的相互作用

有些食物会和药物发生作用，令其效果降低。例如，如果你正在服用降低胆固醇的药物，就不能吃柚子。其他药物则需要额外的营养。例如，正在服用利尿剂，你应该吃富含钾的水果（橙子、香蕉）和蔬菜（土豆）。咨询药剂师，确定是否要针对你的药物来特别考虑营养物质。

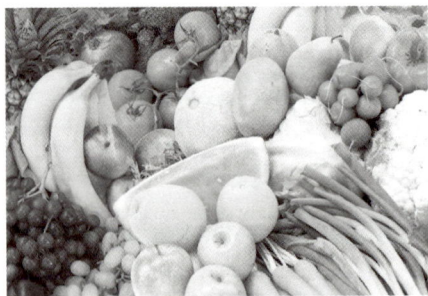

增强记忆

蓝紫色的水果，比如蓝莓和紫葡萄，尤其富含保护健康的复合物，能够加强神经系统。根据波士顿塔夫茨大学 USDA 人类营养研究中心的博士詹姆士·约瑟夫（James Joseph）的研究，蓝紫色水果能够加强老鼠的大脑活动，逆转其衰老过程。约瑟夫对于这项研究表示乐观，认为同样适用于人类。

　　如果是这样，多吃蓝莓和饮用紫色的葡萄汁就能潜在阻止帕金森病及老年痴呆症的出现。因此，约瑟夫建议我们经常吃这些食物：

- 葡萄汁富含碳水化合物，是优质的恢复体能的食物
- 冻蓝莓可以作为美味的点缀，搭配早餐的麦片
- 在大多数全食商店里都能找到蓝莓干，是很好吃的零食

益生菌

　　也许你知道抗生素是用来杀死体内的害虫的，但是你未必知道益生菌。益生菌是用来促进肠道内好的有益细菌的生长的。这些细菌有很多好处，比如产生必要的脂肪，加强消化和营养物质的吸收，加强免疫系统等（70% 的免疫功能都是以肠道为基础的）。运动员们如果有以下问题，都会从益生菌中受益：

- 服用抗生素，不但杀死了坏的细菌，也杀死了好的细菌
- 患有腹泻、便秘或其他肠道紊乱
- 患重病或做过手术

　　奶酪和酸牛奶都是含益生菌的例子。把益生菌作为预防疾病的营养物质可以令我们所有人受益。也许一天一杯奶酪，都可以远离医生！为了提升益生菌的摄入量，可以多喝奶酪（含有活性培养物）

或其他含有活性菌的乳制品。你还可以服用益生菌补充物。

纤维

食用足够的富含纤维的食物可以令肠道规律地蠕动。它不仅能增强运动的舒适感，也有益健康。比如燕麦中的纤维可以降低胆固醇和心脏病的风险。纤维含量最多的食物有麸谷、麦麸面包，以及糙米和糙玉米等纯谷物。水果和蔬菜也含有很多纤维。

底线

- 聪明地吃"优质热量"
- 碳水化合物是每餐饭的基础，蛋白质是附属物
- 一天吃 3～4 次富含钙质的食物
- 喝大量的液体
- 举重
- 快速补充能量，享受更年轻的感觉

希望有益健康的食物和充满乐趣的运动能为你的成功助一臂之力！

三餐建议

早餐

- 新鲜出炉的全谷面包，辅以水果酸奶、果汁或冷冻浓缩果汁作为糖浆

· 全谷煎松饼配水果和酸奶

· 一碗葡萄坚果麦片、脱脂牛奶、脱脂酸奶和水果

午餐

· 吞拿鱼三文治、全麦面包和一点低脂蛋黄酱，高丽菜沙拉（配脱脂调料）

· 火鸡鸡胸肉三文治配沙拉、低脂芝士、芹菜和胡萝卜

· 用全麦面包、低脂蛋黄酱和精选沙拉制成的素菜汉堡包

· 菠菜沙拉配花生、葵花籽、杏仁、低脂芝士和无油调料，全谷卷或面包丁

晚餐

· 鱼、瘦鸡胸肉或豆腐（或其他蛋白质原材料）配全麦面和蒸蔬菜

· 米饭配蔬菜和蛋白质原材料

· 晚餐沙拉配大量不同的蔬菜、坚果，脂肪含量低的芝士或火鸡、鱼、鸡等

我们需要补充维生素吗

一般来说，不论什么年龄的成年人都会受益于复合维生素和Omega-3脂肪酸（"好"的脂肪）补充物。从营养学的观点来说，人体需要6样东西：脂肪、蛋白质、碳水化合物、维生素、矿物质和水。能量来自于脂肪、蛋白质和碳水化合物，维生素和矿物质则主要作为催化剂，帮助释放能量。不论缺了哪一样，人体正常的功能都会抛锚，从而降低人体性能，增加患病的风险。

由于每个人的独特性，衰老时的情况也不尽相同，所以我无法为拥有各种生活方式的人提供特别细致的建议。然而，当我们衰老的时候，对补充物需求的增加也有各种原因。一方面，我们会吃得更少，从而减少了为身体提供维生素和矿物质的机会，而这两样东西对身体的全面健康非常重要。还需要特别注意的是，随着年龄的增长，与食物中的维生素 B 相比，人体更容易吸收补充物里的维生素 B（特别是 B_{12}）。据华盛顿的

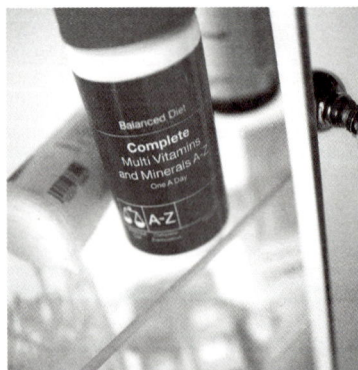

研究组织 Lewin 集团在
2003 年的研究显示，65
岁以上的成年人因为每
日摄取维生素而在 5 年
内节约的潜在值为 16 亿
美元。

　　配方良好的复合维
生素和 Omega-3 脂肪酸补充物有助于减少与一些健康状况相关的
发炎，包括心血管疾病、糖尿病和中风等。过度训练会通过增加
氧化而增加发炎的机率。

　　复合维生素不是糟糕饮食的替代物，而只是一种"补充物"。
从平衡膳食考虑，要吃瘦肉蛋白和大量的水果蔬菜，将复合维生素
看作一种保障。同时不要忽略 Omega-3 脂肪酸难以置信的好处。
这些"好的脂肪"是必要的，体内无法自己生成，所以必须靠饮食
摄入。Omega-3 不仅对心脏非常好（它们能降低静息心律、血压、
甘油三酯和心律失常等风险），而且有益于大脑。

　　大脑虽然只占体重的 2% ~ 3%，但是它却消耗了 20% ~ 30% 的
热量、20% 的血液和 20% 氧气。大脑中的脂肪约占 60%，所以增
加体内健康脂肪（Omega-3）是必要的。我们知道有两种显著的
方式可以降低抑郁的风险：增加体能运动和通过饮食获得大量的
Omega-3。

　　Omega-3 的最佳来源是鱼类（理想的是油脂鱼，例如鲑鱼）
和鱼油补充物。如果服用鱼油补充物，要确保每天至少摄取 1000
毫克的 EPA（二十碳五烯酸）和 DHA（二十二碳六烯酸）。EPA
和 DHA 是 Omega-3 脂肪酸中的长链脂肪酸，也是最有益的。植物

（例如亚麻籽油、核桃油和油菜籽油）中的 Omega-3 是相对短链的，好处也不及 EPA 和 DHA。可以把鱼油储存在冰箱里，并跟餐饭一起食用来减少鱼油的腥臭。

为什么甩不掉脂肪

脂肪是我们预防灾难的生理保单。它是人体可用的燃料，以防遇到饥饿、疾病或消化系统受伤等情况。之后，你会了解到不同年龄的生理"设定点"系统是如何设定身体保持脂肪的。跑步是50岁以上的人可以用来防止脂肪增加的方法之一，甚至可以减少脂肪。我已经花费数年的时间来研究这个主题，并跟相关专家进行交谈。我会在本章进行相关说明，这样你就能按照自己的需求和目的制订一个战略，掌控大部分过程。

很多人为了燃脂开始跑步。确实，跑加走的方法可能是最有效、最方便的运动方式了，它能重组你的脂肪储存来燃烧脂肪。这个方法已经帮助几千人学会去享受耐力练习——运作起来就像是燃烧脂肪的大熔炉。当身体调节为脂

肪燃烧的方式，它就倾向于燃烧脂肪，因为这个过程只会产生很小一部分废物。

但仅仅燃烧脂肪还不够。从长期管理健康和身体的角度看，你需要保持脂肪不再出现。成功燃烧脂肪的人做了以下三件事：

1. 通过阅读本章节和其他信息来源了解燃脂过程。
2. 真正相信自己能保持或降低身体的脂肪比例。
3. 设定一个适合自己生活方式的计划。

脂肪是怎样累积的

当你在零食或正餐中吃到脂肪的时候，就像拿起了一个注射器把脂肪射入肠胃或大腿。吃掉一克脂肪，体内脂肪堆积区域就会多一克脂肪。此外，如果你在一天内从蛋白质（鱼肉、鸡肉、牛肉、豆腐）和碳水化合物（面包、水果、蔬菜、糖）里吸收的热量大于消耗的热量，多余的热量也会转化为脂肪并储存起来。

用于生存的脂肪

经过 100 万年的进化，人体已经因为一个有影响力的原则把脂肪储存并保持在体内了，即物种的生存。在人类理解疾病和预防之前，很容易受到大面积的感染。在远古时期，轻微的疾病和流感都常常令很高比例的人口死亡。那些储存了足够脂肪的人则能够在饥饿和疾病的时候生存下来，生儿育女，从而使脂肪积累的形式得到遗传和进化。

强大的"设定点"令我们保持脂肪

"设定点"是生物工程学方面的生存机制。它看起来好像可以调整，但是你要和存在了 100 万年的生存机制进行斗争才行。本章提到的方法可以帮助你了解这一过程，全盘掌握自己燃脂的过程。

设定脂肪水平

许多专家都同意我们在 25 岁时积累的脂肪，从身体直觉上可以标记为最低水平。这个"设定点"每年都会增加一点点。比如说约翰在 25 岁的时候脂肪比例是 10%，他的设定点会逐年增加 0.5 个百分点。我们在年轻的时候，设定点增加的幅度很小，人们往往也意识不到这件事情的发生——直到十年后的某次同学聚会。

人体本应该是携带着脂肪的。但是你的设定点实在是太"敬业"了，每年都会逐渐增加百分比。当我们变老的时候，增加的幅度看起来就非常显著了。不幸的是，设定点的记忆力很强。当你因为压力或疾病经历了艰苦的一年后，设定点不会按照往常的速度增加，因为食欲在接下来的一两年内会变大，设定点会过分的补偿。好吧，我知道你想大叫"不公平！"想叫多大声就叫多大吧，你的设定点是不会吵架的——它只是继续储存。但是一运动就有希望了。

男女脂肪储存不同

男性倾向于把脂肪储存在皮肤表层，然而女性（尤其在她们二三十岁的时候）会先把脂肪堆积在内部储存区域。大多数女性会认为她们的体重逐年增加得很少，所以不用担心，因为外观看不出来脂肪显著的增加。"掐肉测试"是许多人可以检测脂肪增长的工具。

当内部储存区域堆满后，额外的脂肪开始在胃、大腿和其他区域囤积。女性普遍会在三四十岁的时候抱怨："我的身体背叛了我。"实际上，脂肪常常按照一个相对连贯的速率储存起来，但是几年内从外观上都看不出来。

男性比女性更易燃脂

当男性开始规律的跑步时，几个月内就会减掉脂肪和体重。而很可能是由于生理上的问题，以及对母亲这一角色的原始保护欲，女性就很难减去脂肪了。实际上，你已经超过了我们社会里的其他人——即使保持相同的体重。在设定点的影响下，一个普通的 45 岁的美国人，通常一年会增长 3～4 磅。所以保持体重和设定点的稳定是脂肪管理的一个巨大胜利。

节食因为"饥饿反射"失效

我们有能力在几日、几周和几个月里减少食物摄取量来降低脂肪水平和体重。这是节食的一种类型，设定点的记忆力则是长久的。许多人会在同学聚会前两个月节食并减去 10 磅。然后，节食中止了，饥饿感开始不断重现：经过几个星期、几个月后，食欲增加了一点，人更容易饿了，直到储存在体内的脂肪超过节食之前。实际上，差不多所有节食的人都会在节食停止几个月以后又增重几磅。

等待进食的时间过久而激发饥饿反射

当你等待超过 3 个小时以上而未进食任何东西的时候，设定点就有机会感觉到你即将进入饥饿的时期。等待进食的时间越久，你越能感觉到饥饿反射的三大效应：

1. 新陈代谢速率减少。想象内部有一个声音这样诉说："如果这个人开始剥夺我的食物，我最好还是调低新陈代谢的速率来保存资源吧。"更慢的新陈代谢会令你感到昏昏欲睡，完全不想运动或走动。事实上，大多数反应就是待在椅子上或沙发里，通过最少的移动来降低热量燃烧。

2. 脂肪存贮酶增加。等待进食的时间越久，就能产生越多的脂肪存贮酶。下次吃饭的时候，更高比例的饭会贮存在体内。

3. 食欲增加。等待进食的时间越久，你就越有可能在接下来的几顿饭里贪得无厌：因为如果吃正常饭量，你还是会感到饥饿。

突然剥夺令自己颓废的食物

我以前非常喜欢一种冰淇淋，一星期会吃上几次。如果我完成了当天的运动目标，就会吃冰淇淋奖励自己。后来，我太太和我在一个新年决定戒掉享用了 10 年的朱古力薄脆薄荷冰淇淋。我们成功地戒了两年。一次生日派对剩下的一盒冰淇淋却让我俩又重新开始这一习惯，因为曾经的剥夺，导致摄入量甚至比戒掉之前还要多。

你可以在很长一段时间内"饿一饿"自己，不吃钟爱的食物。

但是未来的某个时候，当它出现在你身边，周围又没有其他人时，你往往就会吃得更多。我是按照如下步骤纠正的：

1. 和自己签订一个合同：无论何时想吃的时候就吃一点，但是承诺分量要"合理"。
2. 从现在起到第 5 年，设定目标为一周一碗。
3. 从现在起到第 4 年，5 天一碗。
4. 从现在起到第 3 年，4 天一碗。
5. 学会享受健康的甜食，比如水果沙拉、能量棒等。

它是有效的！我几乎都不怎么吃冰淇淋了！但会在想吃的时候来一碗，你明白这完全是出于有益的原因。

低碳水化合物骗局

低碳水化合物饮食毫无疑问可以帮助你减轻体重——水的重量。这种减少是表面的，很容易反弹。这就是它的工作原理。在进行运动锻炼的时候，你需要一个称为糖原的快速能量来源（初始 15 分钟），它来自于你所吃的碳水化合物，必须每天都得到替换。糖原的贮存区域是有限的，它也是重要器官比如大脑的主要资源。糖原贮存区域附近大约贮存了 4 倍的水分，因为当糖原转化为能量的时候需要水。

通过戒食或减少碳水化合物摄入量的节食者会经历糖原区域的严重缩小。但如果那个区域没有糖原，水分贮存也会减少。这两种物质的消除会持续几天或几周，从而令体重大大减轻。

脂肪并没有被燃烧掉。事实上，许多低碳水化合物饮食者都在鼓吹脂肪消耗。因为低碳水化合物节食者吃了更多的脂肪，体内的脂肪含量往往增加了，然而水和糖原减少会使体重看起来减轻了，因为表层水分减少了。当水和糖原后来被替换时，体重就反弹了。很快整体体重会因为吸收了额外的脂肪而比低碳水化合物饮食之前还重。

因为糖原能量的来源很低或被耗尽，低碳水化合物节食者就没有能量去运动了。这就是为什么你会听到节食的朋友们抱怨他们有多累，一点也不想运动。当他们尝试运动的时候，无法完成一次锻炼，而且往往会有注意力不集中的情况（糖原低意味着大脑的燃料少）。

就算你"挺过去"或在饮食上作了一点弊，中度运动的能力也会大大降低。随着你的能量存储接近于零，运动就充满了挣扎并且毫无乐趣。

低碳水化合物饮食文章不会告诉你这些：

· 你没有燃烧脂肪，很多人反而增加了脂肪
· 体重减轻往往是流失了水分，伴随糖原流失
· 差不多每位低碳水化合物的节食者会在几个星期或几个月内恢复正常饮食
· 几乎所有低碳水化合物节食者增加的体重都大于减去的体重
· 你失去了运动的能量和动力
· 你失去了运动能力，本来它能够帮助你在恢复正常饮食的时候保持体重
· 你的新陈代谢速率下降了，保持体重更难了

这是饥饿饮食的一种类型。我曾经听说过无数的低碳水化合物受害者承认，当他们节食后再次吃到碳水化合物时，被剥夺了碳水化合物的心理产生了巨大的反弹效应，对面包、糕点、炸薯条、软饮料和增重食品的渴求逐月增加。体重会反弹回来，增加，再增加。

低碳水化合物和其他节食一样降低了新陈代谢速率。这会减少你每天燃烧的热量。当你恢复正常的饮食后，就没有"新陈代谢熔炉"来燃烧增长的热量了。

降低设定点

你的身体具备很好的能力来适应你的日常活动。它也会尽量避免压力。在下一章，我们会讲到如何调节你的肌肉，使之变成燃脂熔炉。一旦把它们变为熔炉，你就能进入燃脂的生活方式。降低设定点则更复杂，但当你规律地把特定的几种压力加入到个人系统后，就是有可能的了。

耐力跑：积极的压力可以从两方面刺激适应性

规律且足够的跑步会产生这些压力，也会激发寻找降压的方法。

跑步令体温上升，有助于降低设定点

大家都知道跑步的时候，人会变得热起来。这项活动要求身体抬高离开地面，个人中心体温上升。然而这并不是一个健康风险，如果你能每隔一天保持这样的人工热度超过 45 分钟，热应激就加

入到人体系统。因为人体脂肪就
像毯子一样可以维持体温，
人体长期的、直觉性的解决方
案就是缩小脂肪毯子面积，从而减少
热度的累计。

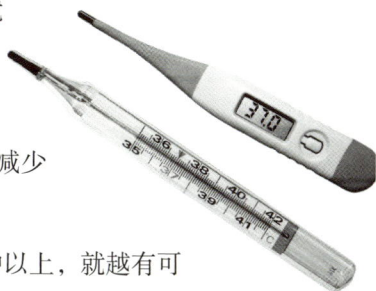

　　你越规律地跑走结合 45 分钟以上，就越有可
能降低设定点，避免这种重复的压力。如果每周有一
次跑走结合超过 90 分钟，效果会更好。

弹跳力和冲击力

　　你的体重越重，就越能感受到跑步的冲击力。如果你能保持隔
天跑步，人体就会感受到规律的压力并且寻找减少压力的方法。人
体往往会通过减少额外的脂肪而减小弹跳压力。

燃脂的交叉训练

　　交叉训练有助于维持规律的设定点来降低压力剂量，同时最小
化骨骼受力。最佳的活动是能够提升中心体温、利用很多肌肉细胞
且舒舒服服地持续 45 分钟以上的运动。在不跑步的日子完成交叉
训练。游泳不是一项好的燃脂运动。水会吸收升高的温度，因此中
心体温不会大幅度升高。

不错的燃脂运动及器械

　　·跑步机

- 健步走
- 椭圆机
- 划艇机
- 单车机

如何燃烧更多的脂肪

"一周内，每次跑走结合超过90分钟，腿部肌肉就会变成脂肪燃烧机。久而久之，这就意味着当你全天都坐在桌前时，也会比以前燃烧的更多脂肪。甚至当你睡觉时，脂肪都在燃烧。"

缓慢、有氧跑步是燃烧脂肪的最佳方式。但是大多数人在开始跑步的第一年，往往只会保持原样，体重没有下降。这实际上已经战胜了设定点。首先，你避免了由设定点激发的增重，平均每年1～4磅。但当跑步者在维持体重不变的时候，脂肪已经开始燃烧了。这是怎么一回事？请继续阅读。

当你跑步的时候，全身储存的糖原和水分增加了，它们转化为能量并且令你降温。你的血液量也增加了。所有这些体内的变化都能帮助你更好的运动，但是会令体重增加（不是脂肪增加）。如果你在耐力运动一年以后还能维持体重不变，就说明已经燃烧掉了几磅脂肪，不要让体重秤令你抓狂。

　　长期燃脂需要纪律和专注。如果你可以负责管理自己的饮食，再完成必要的跑步和健步走，你就成功了。燃脂成功的一个秘密是全天保持活动。一旦你学会用走代替坐，你就会为你每天所走的步数感到惊奇。

有氧跑步燃烧脂肪

　　通过自由的健步间隔和人体体能范围内的跑步（没有气喘吁吁），你的肌肉就获得了足够的氧气来运动。这时，你是有氧的。如果你跑得过快，超越肌肉本身的能力，血液系统就不能输送足够的氧气给肌肉。这时，你是缺氧的。因此以一个轻松的配速跑步，可以令你保持在有氧状态或"燃脂"区域。当你某天跑得过快时，肌肉无法获得足够的氧气，你就会气喘吁吁。这个讯号说明你在逐渐进入缺氧的状态。没有氧气，肌肉转存糖原就会产生大量的废物。

燃脂训练计划

- ·每周一次缓慢的跑走结合 60 分钟以上（90 分钟以上更好）
- ·另外两次缓慢的跑走结合 45 分钟以上
- ·两到三次交叉训练，每节 45 分钟以上
- ·每天在日常活动中额外走 6000 ~ 10000 步（或更多）

运动初始 15 分钟的糖分燃烧

　　糖原是人体在运动初始 15 分钟内的快速补给燃料。那些运动少于 15 分钟的人是不会燃烧脂肪的，也无法训练肌肉燃烧脂肪。

但是如果你已经戒食碳水化合物或在进行低碳水化合物节食时，能量和动机都会因为初始艰难的 15 分钟运动而产生问题。

糖原被当成燃料的时候，会产生很多废物，其中大多数是乳酸。如果移动缓慢且多数为健步走，就不会产生很多废物。即使配速缓慢，如果在初始 10 分钟内就气喘吁吁，就说明你已经跑得太快了（对于当天的你来说）。有疑虑的时候，延长初始的健步，走得慢一些。

从第 15 分钟到第 45 分钟，你会过渡到燃烧脂肪的状态。如果运动在人体体能范围内，你的身体已经开始摧毁脂肪并把它当作燃料了。脂肪实际上是比较高效的燃料，产生的废物也较少。这种过渡在接下来的 30 分钟会一直持续。直到运动中的第 45 ~ 50 分钟，肌肉会训练为主要燃烧脂肪。随着大量的健步走和缓慢配速的跑步，几乎每个人都可以完成 3 组 45 分钟的运动。

在燃脂区域一周三节

即使是基本没训练过的肌肉——过去 50 年只燃烧糖原，也可以在以下两种条件下燃烧脂肪：

- 轻松运动，到达燃脂区域（一周 45 分钟以上）
- 规律运动，一周 3 次（最好每节间隔至少 2 天）

一周一次，超过 90 分钟

较长的小节应该逐渐延长到一个半小时，令你保持在燃脂区域，时间久到可以鼓励肌肉适应到燃脂的状态。为了达到最佳效果，每周都应该这么做。如果你没有时间完成 90 分钟的运动，至少尝试一下 60 分钟。

健步走间隔令你走得更远而不累

健步走间隔会帮你在燃烧脂肪的同时让肌肉快速恢复。出于燃脂的目的，最好健步走早一些、多一些。行走里程数是燃烧多少热量的基础。健步走间隔可以令你每天行走更多里数而不感到劳累。降低运动水平后，你就可以在脂肪燃烧区域逗留久一点，往往可以贯穿整节锻炼。有疑虑的时候，最好多健步走，降低运动速度。

对自己现实一些。你真的愿意为了燃烧大量的脂肪而改变生活方式吗？如果你不确定，想想这个：即使一磅也没减，规律的跑步也会带给你一系列有益健康的好处。由肯尼斯·库鹏（Kenneth Cooper）在得克萨斯州达拉斯成立的库鹏诊所和其他机构已经显示出，即使是患有肥胖症的人们也可以通过规律的运动降低罹患心脏病的风险。他们往往还比那些从来不运动的瘦子健康得多。

为了以后的人生——燃脂训练

健步走多少、跑多少

    脂肪燃烧的底线就是每周包含的热量数。所以，多插入健步走间隔是有帮助的，即使运动里数更多，也不会增加疲惫感。遵循盖洛威的"跑—走—跑"方法一章中的指导原则，在犹豫不定的时候，就多走路。选择一个对你来说轻松的比率就更好了，这样你就能快速恢复体力。

非跑步日每天 10000 步，跑步日每天 6000 步

    增加健步走的步数也许比跑步燃烧掉的体内脂肪还要多。当跑步建立起燃脂过程后，也会激发食欲的增长。健步走则不会大幅度地增加食欲。计步器可以激励你走得更多，它也能刺激你每天增加步数。据我所知，没有任何仪器可以让你

掌控实际燃烧掉的热量。一旦把多走 10000 步设立为目标加入到每天的活动中，你就会发现自己常常不再坐在椅子上了，停车位置距离超市更远了，并且会绕着孩子们的操场散步了。

你的目标是在居家、工作及购物时，于非跑步日健步走累计至少 10000 步（跑步日健步走累计 6000 步）。这是很可行的。你会发现一天中的许多空闲时间都是坐着或站着的。当你开始计算步数的时候，就会变得更加活跃，也更能感到精力充沛。

大约在晚餐时"检查步数"。如果没有达到 10000 步（或 6000 步）的要求，可以于饭前或饭后在居所附近多走几次。你不必在走够步数的时候就停止。当你投入进去后，会发现更多的机会去健步走，去燃烧脂肪。

高达 59 磅的脂肪在一年内消失了

脂肪大战都是由赢得许多小型的燃烧战积累起来的。我们大多数人都有很多机会。我也从很多的跑步者那里得知，他们每天利用许多如下的空闲时间，在一年中燃烧掉一打或更多的磅数。

每年燃烧掉的磅数 / 活动	
1 ~ 2 磅	用爬楼梯代替电梯
10 ~ 30 磅	从办公室的椅子上站起来在走廊上走动

1 ~ 2 磅	从沙发中站起来在房间内来回移动（但不是拿着薯片）
1 ~ 2 磅	停车位置距离超市、商场等更远
1 ~ 3 磅	停车位置距离办公室更远
2 ~ 4 磅	在孩子的操场、训练场以及医生的办公室走来走去
2 ~ 4 磅	等待下一班飞机的时候，在中央大厅走来走去
3 ~ 9 磅	每天遛狗
2 ~ 4 磅	晚饭后绕着街区健步走几次
2 ~ 4 磅	工作午餐时间，绕着写字楼健步走几次
2 ~ 4 磅	在商场和超市里以健步走的方式多绕一圈等，寻找便宜货

总计：每年 27 ~ 59 磅

每周额外增加里数，每年额外燃烧 15 磅

当你有小段空闲时间时，利用它们加入脂肪燃烧的运动，而不会感觉到额外的疲惫：

· 慢下来并在每次跑步的时候多加 1 英里

· 午餐时间健步走 1 英里

· 晚餐前 / 后健步走或慢跑 1 英里

控制吸收脂肪的方程式

随着年龄增长，新陈代谢会越来越慢。运动（尤其是跑步和健步走）会帮你"加速运转"。控制热量的摄入量对于减少体脂来说至关重要。跑步者常常会抱怨，他们已经增加了运动的里程并且实实在在地完成了交叉训练锻炼，却减重失败了。当我质疑他们的时候，每次都发现，他们没有控制自己摄入的热量。毫无例外，当他们完成练习的数量时，都比自己想象中吃得更多。下面你会从饮食中找到不用饿肚子就减去 10 磅或以上的方法。

网站告诉你热量平衡和营养平衡

我发现管理食物摄入的最好工具是一个好网站或一个软件，这些工具能够帮助你平衡热量（燃烧掉的热量 VS 食进的热量）。大多数工具会让你输入当天运动的情况和吃了什么食物，那天结尾的时候，你可以检索热量和营养物质的计算结果。如果你缺乏某种维生素、矿物质或蛋白质，可以在晚餐后吃点东西或服用一粒维生素。

- 使用一个考虑年龄因素的网站。你的摄入量和你需要什么会进行对比。
- 有些软件会告诉素食者是否摄入了足够的蛋白质，因为这种营养物质很难从蔬菜中获取。
- 如果你缺乏一些营养物质，可以在第二天设法弥补。
- 如果你摄入了过多的热量，可以晚饭后健步走、加大第二天的锻炼量、减少热量，或者上述都做。

　　我不建议让任何网站来操控你的生活。首先，在第 1～2 周的每天都使用它是有帮助的。在这段时间，你会找到自己的规律，注意到自己需要补充什么或应该减掉什么。经过初始阶段后，两三天内抽查一次。有些人需要比其他人多抽查几次。如果每天登录能让你对于吃正确的食物和数量更有动力，就每天登录吧。

　　关于网站列表，可以登录我的网站查看：www.jeffgalloway.com。在做决定之前可以多尝试几个。

学习控制分量——最大的益处

　　不管你是否使用网站，一个非常富有成效的方法就是记录一周你每天所吃的食物。如果你需要，携带一个小笔记本和一个小秤。当人们记录、分析每份食物所含的热量时，他们往往会惊讶于正在吃的热量数（及脂肪克数）。很多食物都隐藏了脂肪和糖分，所以你意识不到热量增加得有多快。

持续使用这个几天后，你就有了一个能帮助你调整每一份食物分量的工具。这就是控制吸收脂肪方程式一个主要步骤。许多跑步者告诉我，他们痛恨第一周的记录，但之后就变成了例行公事。一旦习惯了这么做，你就会清楚自己嘴里吃了什么，以及还有哪些更佳的食物可以选择。现在，你已经逐渐掌控自己的饮食行为了。

两个小时进食一次

前面一章中提到，如果你连续 3 小时没有吃东西，身体就会感到快要进入饥饿模式，新陈代谢速率下降，而脂肪贮存酶却越来越多。这就意味着你将无法跟往常一样燃烧那么多的热量，不论是精神上还是身体上也不会那么警觉了。正因为如此，下一餐饭的大部分将会以脂肪的形式贮存起来。

你可以通过增加吃东西的频率来燃烧更多的脂肪。如果饥饿反射从 3 小时以后开始起作用，那么你可以通过每两个小时就进食一次来打败它。一个每天进食 2～3 次的人，若转变为每天进食 8～10 次，每年就会燃烧掉 8～10 磅（假设在不同的饮食模式里摄入的热量是一样的）。

大餐减速

大餐对于消化系统来说是一次大生产。血液转移到了又长又弯的肠道和胃部。这样的工作量会使身体关闭血液流向其他区域的通道，令你感到更加昏昏欲睡和惯于久坐。

小餐加速

　　稍小分量的食物往往能被快速地处理，不给消化系统造成任何负担。每次吃小餐或零食的时候，新陈代谢就会加速。通过一天几次来加速运转新陈代谢的作用，你会燃烧更多的热量。

挫败你的设定点

　　当你在饭与饭之间等待超过 3 个小时后，设定点就参与到饥饿反射中。但是如果每隔 2 ~ 3 小时就吃点东西，由于常规的食品供应，设定点就不会参与饥饿反射，因此脂肪贮存酶也不会受到刺激。

不再劳累

　　当我们越频繁地吃东西，积极性就越会增加。我发现下午的积极性低，最常见的原因就是当天吃得不够规律，特别是在下午。如果你连续 4 个小时或以上没吃东西，然后又计划下午跑步，就会因为低血糖和低新陈代谢而不太有运动的动力。而即使你那天吃得不好，又愁眉苦脸，在运动前 30 ~ 60 分钟吃点零食，也能为跑走结合做好准备。一个纤维能量棒加一杯咖啡（茶、无糖饮料）就能逆转消极的心态。但是如果你每 2 ~ 3 小时都吃零食，就能让自己避免进入消极状态。

来自于小餐的满足感会减少过食

　　你可以通过选择产生满足感更加持久的食物（和营养结合物）

减少每天进食的热量数。在热量控制和满足感方面，糖是最糟糕的问题。当你喝的饮料中含糖时，糖会转化得非常快，就算刚才摄入了非常高的热量，也常常在 30 分钟内又饿了。这会导致两种令人讨厌的结果：

1. 吃得更多来满足饥饿感（不需要的热量就转化成脂肪了）
2. 仍然饥饿并激发饥饿反射

你的任务是为小餐找到合适的食物组合，并且能让你满足 2 ~ 3 个小时。然后再换一种零食达到同样的效果。你会发现，越来越多的食物组合含有较少的热量，但是能让你远离饥饿，直到下一次零食时间。

让满足感更持久的营养物质

脂肪

即使把一点点脂肪加到零食中，也会让你更满足，因为它减缓了消化。

注意，一点脂肪就够用很久了。当一顿饭的脂肪含量超过 30% 时，你会因为脂肪较难消化而开始感到更加昏昏欲睡。然而当脂肪含量到 18% 的时候，饱腹感就会持续很久。过多脂肪会影响燃脂的计划。脂肪会自动贮存在你的体内。所有的饮食脂肪都不能用于能量。当你吃了脂肪丰富的一餐，脂肪同样也注入了臀部或腹部。你所燃烧的脂肪全部来自于体内所贮存脂肪的分解。

一餐零食加一点脂肪是有帮助的，但是大多脂肪只会令你体内的脂肪更多。

　　目前发现两种脂肪会导致心脏附近和通向大脑的动脉收窄：饱和脂肪和反式脂肪。来自于植物的单不饱和脂肪通常是健康的：橄榄油、坚果、牛油果和红花油。有些鱼油含有 Omega-3 脂肪酸，对心脏有保护作用。然而，很多种鱼的油脂是没有保护作用的。

　　仔细观察标签。许多食品中的植物油已经变反式脂肪。烘烤类食品几乎都有这种不好的成分。

蛋白质——瘦肉蛋白最佳

　　每天我们都需要蛋白质以重建运动中抛锚的肌肉及其正常的损耗。具有高里程记录的跑步者们不需要比久坐不动的人进食更多的蛋白质。但是如果跑步者没有摄取正常量的蛋白质，他们就会比久坐不动的人更快地感受到更多的疼痛，并伴有全身虚弱的感觉。

　　每餐进食蛋白质会令你很长一段时间都有满足感。但是进食不必要的蛋白质热量，就会把额外的蛋白质转化为脂肪。

　　最近蛋白质已被添加到运动型饮料中，获得很大成功。当一种饮料 80% 是碳水化合物，20% 是蛋白质时，比赛前 30 分钟饮用，糖原就会更好地被激发出来，能量也能提供得更快。完成比赛后 30 分钟内饮用相同比例的饮料，肌肉会重整得更好、更快。

水

就像你看到的本书讲南希·克拉克的章节，随着年龄的增长，口渴度并不是缺水的良好指示剂。最好每 2 个小时饮用 8 盎司水。每天"8 杯水"的液体建议是可以尝试的一个分量，除非你的医生建议饮用更多的水。我们最多只能从含有咖啡因的饮料获得一半的液体，而酒精会导致脱水。最好能最小化酒精的消耗量，并且每喝一瓶啤酒或一杯红酒就增加一杯水。

复杂的碳水化合物

像芹菜、豆类、卷心菜、菠菜、萝卜缨、葡萄、坚果、全谷物这类食物，在消化中可以燃烧掉 25% 的热量。和脂肪相反（进食后直接贮存在体内），只有过剩的碳水化合物才会转变为脂肪。晚餐后，你可以在附近街道或跑步机上走一走，燃烧掉任何你在白天获得的过剩热量。

脂肪 + 蛋白质 + 复杂碳水化合物 = 满足感

进食含有上述三种具备满足感成分的零食会延长满足感的时间，即使是食用小餐也会令你感到满足。这三类食物需要更久的时间来消化，从而减少进食更多热量的诱惑，并且加快新陈代谢速率。

纤维

食物中的大多数纤维会降低消化的速度，同时维持较久的满足感。可溶性纤维（比如燕麦麸）看起来能赋予的满足感比非可溶性纤维麦麸（比如小维麦麸）更久。当然，每种纤维在这方面都有一定益处。

三大营养物质的建议比例

这个问题还是存在意见分歧的。以下给出的范围是我读过和询问到的一些顶尖营养学家的建议。它们按照每天每种营养物质相对于消耗的热量总量百分比排列。

蛋白质：18% ~ 28%。

脂肪：15% ~ 25%。

碳水化合物：剩下的比例最好都是复杂碳水化合物。

简单碳水化合物有助于体重反弹

事实：我们会进食一些简单的碳水化合物，即"让人感觉不错"的食品，比如糖果、烘焙甜食、淀粉（土豆泥和米饭）、含糖饮料（包括水果汁和运动型饮料）及大部分甜品。但当你执行燃脂的任务时，就要最小化这些食物的摄入量。

食物里的糖很快就被消化了，你从中得到的满足感乏善可陈。它们通常会令你对大多数的此类食品充满渴望，然而一旦得不到，就会产生饥饿反射。因为它们被转化得很快，你很

快会变饿，想继续吃东西。这会导致热量的额外堆积，通常在当天结束后就已转化为了脂肪。

上一章提过，如果你想通过说"我再也不吃它了"来彻底摆脱某样食物，绝不是一个好主意。这就像制作了一个饥饿反射定时炸弹。保持吃一两口最挚爱的食物，同时培养自己对纤维丰富、含有少量或不含精糖或淀粉的食物的品味能力。

血糖指数优秀＝动力

　　血糖浓度决定了人的感觉。血糖稳定的时候，你会感到精力充沛、动力十足。如果食用糖分过多，血糖浓度就会升高得过多。你会一下子觉得很舒服，但是过多的糖分也会激发释放胰岛素降低血糖，从而令你无精打采、注意力不集中，同时让动力快速下降。

　　如果血糖浓度保持全天平稳，你就更有动力去运动，并且希望在生活中增添其他活动。整体看来，你的心态会更积极，从而也能对抗压力、解决问题。就像全天进食保持新陈代谢一样，全天均衡摄入营养物质也能保持稳定的血糖。

　　没人希望自己的血糖浓度不好。低血糖令系统产生压力，直接扰乱思想。大脑燃料由血糖提供，精神压力增大时，血糖的供应量也会增多。如果在跑走结合运动的前几个小时都没有进食，负面信息就会增加：你没有力气去运动或运动会造成伤害。

　　简单吃一份含有

碳水化合物和大约 20% 蛋白质的零食就会减少负面信息，令你感觉舒适，想走到户外。把零食当成血糖浓度的助推器，往往就是当天跑步或不跑步的不同之处。

血糖浓度过山车

进食含单一碳水化合物的超高热量零食会影响血糖浓度的稳定。正如前文所讲，血糖浓度过高的时候，人体会产生胰岛素，令血糖浓度比以前还低。然后，你会继续吃，导致过多的热量转化为脂肪。如果不进食，你就会一直感到饥饿和痛苦，而且没有心情去运动和燃烧热量（或在跑步日进行跑步）。

最好每 2 ~ 3 个小时就进食

大多数人找到保持血糖浓度的最佳食品后，如果能每隔 2 ~ 3 个小时规律地少量进食，血糖浓度就能保持在一个更佳的水平。前一章中也提到，最好把含有蛋白质的复合碳水化合物和少量的脂肪搭配在一起。

血糖水平低，跑前要进食

在早晨进行跑走结合运动之前，大多数人都不需要进食。如前文所述，如果下午低血糖时你还要按照日程表跑步，跑前 30 分钟吃零食是很有帮助的。假如你觉得早上进食零食也有所帮助，那么唯一的问题就是避免进食过多导致胃部不适。

要提高血糖水平，最好在低血糖的时候（跑前 30 分钟内）吃点

零食，其中 80% 的热量
来自于单一碳水化合物，
20% 的热量来自蛋白质。
这会促进分泌胰岛素，
有助于肌肉中的糖原在
跑步前做好准备。如果
你食用了碳水化合物和
蛋白质的配比为 8 : 2 的能量棒，就要确保饮水量达到 6 ~ 8 盎司。

运动中的饮食

大多数运动者在跑走结合不超过 90 分钟的时候，不需要在运动中吃喝。在这一点上还有其他的选择。如果你容易产生低血糖的问题，可以在运动初始 20 分钟内吃一些零食。大多数跑步者会跑过 40 分钟后再开始吃零食。

能量胶或胶质产品：这些产品是小包装的，质地与蜂蜜或糖浆一样。携带它们的最好方法就是把 1 ~ 2 小包胶质产品放在带有喷嘴的小塑料瓶里。每 10 ~ 15 分钟，喷 2 ~ 3 小口，喝一两口水。

能量棒：切成 8 ~ 10 块，每 10 ~ 15 分钟吃一块，喝两口水。

糖果：软糖或硬糖。每 10 分钟吃 1 ~ 2 颗。

运动型饮料：有相当多的跑步者在运动过程中饮用运动型饮料会感到反胃，所以我不推荐它。如果你觉得运动型饮料有效，那就继续饮用。

运动后 30 分钟内补充能量很重要

不论何时完成一项艰苦或长久的锻炼，补充零食都可以帮助你加快恢复。同样，八二比例配置的碳水化合物和蛋白质是补充肌肉能量最有效的方式。

交叉训练：
在双腿休息时变得更好

　　年长的跑步者比年轻的跑步者更能从交叉训练中获益。休息的日子越多，每个跑步日的跑步量就会越多，跑步强度也会越大。在"跑步休息日"进行正确的交叉训练，就有可能提升身体力量、让跑步更有效率、燃烧更多脂肪，同时小腿肌肉也可以在下一次跑步之前重新振作。

交叉训练活动

　　交叉训练，就是替代跑步的运动。你的目标就是找到令你感觉舒适的其他运动，而非令小腿肌肉、跟腱和双脚疲劳的跑步。由于不同的活动赋予不同的益处，你可以按照希望产生的效果来选择交叉训练的项目。

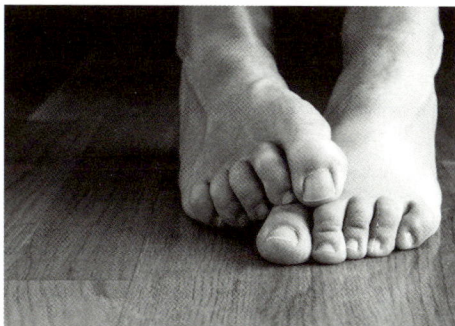

别的运动无法像跑步一样产生跑后的余晖效果。很多跑步者说每节混合做 3 ~ 4 组才能感到真正的锻炼。但即使你没有得到跑步产生的内啡肽"助推器"，你也能从运动中放松自己、燃烧脂肪和热量。

1. 初始 5 分钟为轻松运动，休息 20 分钟后再进行 5 分钟轻松运动。
2. 隔一天再做这项运动。（可在第二天做不同的运动）
3. 每节逐渐延长 2 ~ 3 分钟，直到你完成的时间长度令人感觉舒适。
4. 完成 2 小节 15 分钟的运动后，调整运动为一节 22 ~ 25 分钟，如果愿意，每节逐渐增加 2 ~ 3 分钟。
5. 长跑、艰苦的速度训练及赛跑的前一天最好不要做运动。
6. 要在每个替换运动中保持健康状态，在完成既定的运动量后，每周做一节 10 分钟或以上的运动。如果有时间，你可以在所有非跑步日进行交叉训练——上述第 5 点所提到的情况除外。
7. 交叉训练的最大运动量取决于个体。只要你在训练完的那天感觉良好，并在第二天的跑步中体力充沛，交叉训练的长度就不是问题。

水中跑步能改善跑步姿势

跑步时腿部的一点点偏转都会降低跑步效率。在水里进行跑步锻炼时，水的阻力会强迫腿部找到一个更有效率的路径。另外，也会增强一些腿部肌肉，令双腿在长跑终点感到疲劳的时候还能一直保持平稳的迈步。

怎么做

此项运动需要一个漂浮腰带。"水上漫步"（Aqua Jogger）产品可以令人双脚离开池底，漂浮在池子里。拉紧弹性腰带，使其紧贴身体。还有很多种保持漂浮的方法，包括滑水漂浮带和救生衣。

进入水池的深水区，以跑步的方式移动双腿。也就是说，膝盖稍稍或没有提升，向前方轻轻地踢出去，大腿走到前面，脚在后方跟着。因为在跑步中，小腿应该在后踢的时候和水平面平行。

如果你没感到非常用力，很有可能是膝盖提得太高，同时双腿移动的范围也比较小。这时，就需要增加跑步的移动来达到效果。

每周一次的水中跑步很重要，可以保持你已经达到的适应性。如果漏了一周，运动的时间长度就应该从前一节的时间中缩短几分钟。如果错过了三周以上，重新开始：每周两节，每节 5 ~ 8 分钟。

燃脂与全面健身训练

跑步机

这个运动器材是交叉训练模式中的最佳燃脂工具，因为它令你用到全身大部分的肌肉细胞，同时升高体温。如果运动配速轻松，你会逐渐达到燃脂的时间段（大于 45 分钟）。这项运动要求腿、脚无冲击，而且第二天可以像往常一样跑步。

划艇机

划艇机有很多种不同的的类型。有一些会在锻炼恢复日令双腿运动过度，但大部分都会用到身体上半部和下半部各种肌群组织。和跑步机一样，如果找到了合适的划艇机，并逐渐掌握了方法，就可以持续延长运动的时间，想要多久就有多久。大多数较好的器械都是良好的燃脂机，它们会动用大量的肌肉细胞，提升体温，而且可以持续运动 45 分钟以上。

单车机

室内单车运动比室外单车的燃脂效果更好，因为它能令体温提升得更多。和真正的单车运动不同的是，你无法得到微风带来的降温效果。不管是室内单车还是室外单车，都会锻炼到股四头肌。相比划艇机和跑步机，能锻炼到的肌肉细胞总数有所下降。

别忘了健步走

全天任何时间都可以健步走。健步走可以"偷偷燃脂"，因为一天内添加几百步额外的步数会很轻松，特别是靠累积而来的步数。健步走还是一项极佳的交叉训练运动，包括跑步机上的健步走。注意，步幅要小。

上半身的交叉训练

为骨骼而设的重量训练

重量训练不是一项燃脂运动，也不会直接有利于跑步，通常可以在非跑步日进行。跑步日仍然可以做重量训练，但是确保在跑步后做。加强力量有各种不同的方法。力量训练运动有助于加强脊柱和其他重要骨骼支撑结构的联系。本书在前面也提到，不建议做腿部的重量训练。

年长的跑步者在重量训练前应该听取建议。经验丰富的力量训练专家会花费一个小时，按照你的问题和能力设计一个训练项目。在尝试任何力量增强训练及本书前面章节提到的训练前，要听取专家的意见。

加强跑步姿势肌肉，有助于预防骨质疏松

加强令人保持直立的肌肉，有助于减少上半身的倾斜和滑动。我做了两个练习，能帮助我相当不错地做到这一点。在做任何运动之前，向物理治疗师或知识丰富的力量训练师征求意见，确保他们了解你可能具有的任何背部或其他问题。

卷腹练习：背部朝下，躺在毯子或任何有垫子的平面上。轻轻抬起头和背部的上半部分，离开地面。通过小幅度的移动，你会感到腹部肌肉一直在收缩。先从几秒钟开始，逐渐增加到 30 ～ 60 秒，每天 3 ～ 5 次（一周 1 ～ 2 天）。

手臂跑步：站立时，手持重量器械（奶罐等），移动手臂到跑步中也许会用到的范围，也许比往常跑步的范围稍大。保持重量器械贴近身体。先做几次，逐渐增加到 3 ～ 5 套，每套 10 次。自己完成一套 10 次的训练时，选择那种会让你感到需要非常努力的重量的器械。但不要在完成最后几次动作的时候，感到太挣扎。

向力量训练师咨询按照个人需要有助于你的动作。以下是有助于脊柱连接的动作：站立式肩背肌拉力、直立划船和卧推。

其他增强上半身的运动

游泳

尽管游泳不是燃脂运动，但是它可以促进心血管健康，并加强上半身肌肉的耐力。游泳可以在跑步日和非跑步日进行。

俯卧撑和引体向上

这些运动可以加强上半身的力量，因为能够锻炼到你希望加强的上半身的肌群组织。

不要在非跑步日做这些运动

以下运动会令跑步中使用到的肌肉疲倦，无法在非跑步日恢复。如果很想做下列运动中的任何一种，可在短跑日的跑步结束之后进行。如果膝盖或胫骨有任何疼痛，就要完全禁止这些运动：

- 踏步机
- 有氧踏板操（会导致膝盖问题）
- 针对腿部肌肉的重量训练
- 快走，特别是在有斜坡的场地
- 动感单车课程

若必须停止跑步，交叉训练能帮你保持健康

我知道很多跑步者不得不中断跑步两周或更久，但并没有失去显著的健美身段。这是怎么回事？他们加入了交叉训练。如上面所看到的那样，对跑步者来说最有效的交叉训练模式就是水中跑步。

做运动（比如水中跑步）的关键是保持跑步中相同的移动范围，令神经肌肉系统在能力范围内保持工作。

你必须按照跑步中花费的时间和力度来保持负荷。比如，如果原计划中的长跑会花费60分钟，那么水中跑步也要达到60分钟。每隔几分钟，分段40~60秒

进行省力运动（类似健步走间隔）来保持肌肉的韧性。

　　在快速跑的日子，水中分段运动的长度和你在跑道及公路上的分段是一样长的。不论长跑还是快速跑，尽力达到你在跑步时相似的呼吸频率。

玩具：心率监测器和导航仪

心率监测器

左脑跑步者通过技术训练和数据追踪得到动力，他们告诉我使用心脏监测器的时候最有动力。喜爱直观感受的右脑跑步者则发现数字往往会带来干扰，令他们错过了跑步的上升状态。但与几百个不同类型的跑步者交谈后，我意识到心率检测器的好处是存在的，特别是"A类"和速度训练的跑步者。

心率训练师必须确定他们的最大心率，最好在专家的监督下测试，而不要使用图表或公式。测试出你的最大心率。随着年纪的增长，最大心率会下降。每个人下降的幅度区别很大。

一旦确定了最大心率，好的心率监测器可以帮助你管理训练强度。它会让你更好地把握每一个施力阶段的时间长度，减少过度负荷的机会，并缩短恢复时间。当左脑跑步者在艰难

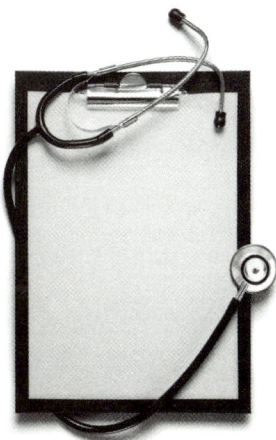

的锻炼中达到施力时间段时，他们对于合理的施力力度和缓和程度会获得合理的精确读数，从而避免长久的恢复时间。

许多"A类"跑步者在受伤之前需要外力强制暂停。我听过无数这类跑步者通过监测器被精确地告知，在轻松跑步日要降低多少速度以及锻炼中间隔的休息是多久。右脑跑步者对努力程度的直觉估值得到了验证——心率监测器至少能告诉你是否跑得慢到可以恢复、快速小节间隔要休息多久，以及艰苦速度锻炼中的"红色区域"。

所有的仪器都有技术性难点。心率监视器有可能受到本地电子发射和机械问题的影响。手机信号塔甚至车库门也会偶尔干扰监测器的工作，这通常是偶然事件。如果读数不正常，就可能是上述几个问题所导致。

确保完整阅读使用说明书，特别关注如何佩戴仪器获得最精确的读数。如果佩戴得不牢固，就可能会漏掉一些心跳数。这意味着你实际上比自己所认为的努力许多，从而大幅增加恢复的时间。

我建议保持监测比最大心率高5%时的感觉。这时你的直觉感官会更好。比如，本来应该使用80%的力度，你用了85%的力度。

测试确认最大心率

如果要使用一个心率监测器，你应该先测出自己的最大心率。一些医生（特别是心脏病专科医生）都会这么做。测试机构包括大学里的人体机能实验室、健康俱乐部等。最好能有在心血管方面受训的专家监督测试。有时测试机构会误解你想要的东西，你一定要说明自己只需要"最大心率测试"，而不是最大氧气吸收测试。当心率监视器工作了几个月后，你可以观察到各种艰苦跑步中的心率，清楚了解自己的最大心率。即使在艰苦的速度锻炼中，你往往也会感觉到是否能更努力。但在跑到个人极限之前，你现在的最高心率应该在目前所记录的最大心率范围以内（不超过一或两下心跳）。

目标：跑得更快的同时保持心率更低

锻炼中，一般不需要把自己的心率提高到最大心率的90%以上。在长距离训练项目或速度锻炼结束时，这种状况时有发生，但只是短期现象。你的目标是在速度锻炼或者较长距离跑步的前半段，令心率保持在最大心率的70%~80%，在锻炼结束的时候最小化心率的上升幅度。

轻松跑步日，保持心率低于最大心率的65%

不确定的时候，跑得慢一些。疲劳、疼痛和晒伤的一个主要原因是在恢复期及娱乐期跑得不够慢。在跑步结束的时候，跑得不够慢就会造成心率增长超过正常值。如果发生这种情况，降低速度和增加健步走间隔就能把心率维持在最大心率的65%以下。

速度重复练习之间，让脉搏降到最大心率的65%以下

为了减少艰苦锻炼后持续几日的"挥之不去的疲劳感"，可以延长休息健步走间隔，直到心率降到最大值的65%或以下。在锻炼结束的时候，如果你的心率在5分钟内无法降到最大值的65%或以下，即使还有几个重复练习要进行，那也应该做一些缓和动作来结束当日的训练。

速度重复练习时保持轻盈，心率就能保持低于最大值的 80%

如果你的跑步姿势真正得到改善，就能通过更有效率的跑步来最小化心率上升：保持双脚低到地面，轻盈触地，保持快速和有效率的步频。

早晨脉搏

如果胸带没有干扰睡眠，你就能在早上测试脉搏时获得精准的读数。你可以用这样的方式在训练中监测心率。记录每晚的最低数字。一旦建立起基线，在心率上升超过 5%~9% 的时候，就应该在那天轻松跑。当心率上升到 10% 或以上，你需要多休息一日。如果心率因为任何感染而加快，除非有医生声明，否则不应该跑步。

用"两分钟法"对长跑配速，而不是心率

即使在跑到最大心率的 65% 时，许多跑步者也会比长跑的初始速度快很多。阅读本书中对长跑配速的建议，不要为跑得慢而感到害羞。

在长跑结束的时候，如果心率超过最大心率的 70% 就要立刻休息。由于长跑结束后比较疲惫，心率会再加大一些。如果发生这种状况，保持降低速度，你就能把心率保持在最大心率的 70% 左右，甚至让心率在最后几英里低于这个水平。

GPS 和其他距离配速计算器

GPS 和加速器（accelerometer）是两种测量距离的装置，通常都非常精准。虽然有些装置会更加精准，但大部分测量跑步距离的装置还是基本精准的。这些装置可以令你起跑 1 英里的第一个 1/10 就开始配速。

你自由了！有了这些装置，你想在哪里跑就去哪里，不用再围着一个圈来重复，因为所有的路程都可以测量了。相比在跑道上进行快速小节训练，你可以在公路、郊野或住宅区的街道马上测出分段的距离了。但如果你的目标比赛是在跑道上举行，我还是建议你把至少一半的快速小节放在跑道上完成。这和训练原则中的"明确性"相关。

GPS 装置通过使用卫星导航追踪你的运动。一般来说，卫星越多的地方测量得越准确。"阴影"部分是无法找到讯号的区域：建筑物、森林或山区。郊野里带有许多拐弯的地方，装置会切到切线并算作里数。这些往往只是暂时的干扰，但是最终显示的里数往往会比你实际所跑的距离要短。

加速器产品要求的刻度很简单，显示也非常准确。鞋上的"垫子"对运动和施力非常敏感，数据会传送到手腕监测器。我还从来没有听说过这种科技的装置受到任何技术性的干扰。我发现最好的使用方式是在刻度范围内变速使用，通过一两个健步间隔来模拟跑步时将要做的事情。

有些装置需要装电池，有些则是充电式的。跑步专业用品店里，有丰富经验的工作人员可以针对每个产品的优势和劣势给你建议。有时他们也会分享各个品牌和模特的"八卦"，从顾客那里获得回馈。

Chapter 4

如何解决问题

对抗炎热

"气温超过 16 摄氏度的时候，就放弃破个人纪录吧。"

如果你在温暖的一天降低了一点跑步速度，那么就能在完成时跑得更远、感觉更棒。这是显而易见的，但有些跑步者在酷热的天气里比赛时，却"忘记了"这样的经验，不可避免地，结果跑步时间慢了许多。酷热的天气里，在比赛的第 1 英里中，跑得每过快 1 秒钟，在结尾的时候往往就会慢 2 ~ 10 秒钟。

炎热会增加心血管疾病的风险。即使降低跑步速度，心脏也要比平时工作得更努力。如果你在这方面有任何关于风险的问题，可以咨询医生。

即使在中度炎热（16 摄氏度以上）的时候剧烈运动，中心体温升高也会激发血液释放到皮肤的毛细血管，令你降温。这就减少了对运动肌肉的血液供应，也就意味着较少的血液和氧气输送到令你前进的动

力源，只有较少的血液来排出废物，心脏因此被迫更加努力地工作。随着废物在肌肉中堆积起来，你的速度也会降低。

所以坏消息就是，温暖的天气里，你会感觉更差、跑得更慢。更坏的消息是，在酷热的天气里过于努力会导致一种非常严重的情况——中暑。好消息则是，随着你了解一天中运动的最佳时段、衣着及其他降温的技巧，在某种程度上会适应这些情况。最好的预防措施是降低速度，但最好能在出现中暑的迹象时中止跑步。

在夏日酷暑中进行长跑锻炼

1. 在太阳升起之前跑步。在天气炎热的月份早起，你就能避免大多数来自太阳辐射的额外压力。这个问题在潮湿的地方更明显。清晨往往是一天中最凉爽的时候，不用和太阳对抗，大多数跑步者就会逐渐适应炎热，跑步过程也比当天的晚些时候要舒服得多。注意，确保注意安全问题。

2. 如果你必须在太阳当空的时候跑步，就选择一个有阴凉的场地。阴凉能大大缓解干燥地方和潮湿环境中的不适。

3. 在湿度低的区域，往往晚上和夜里是凉爽的。在潮湿的环境中，缓解的程度不大，在那里黎明之前是一天中温度最低的时候。

4. 拥有一件室内运动器材。如果是跑步机，你可以开着空调运动。如果你觉得跑步机很无聊，5～10分钟交替小节运动，一节室内，下一节室外。

5. 别戴帽子。身体的大部分热气都是通过头顶散发的。盖着头会令身体内部快速积蓄热量。

6. 穿着轻盈、非棉质的衣服。许多新型、富含科技成分纤维的衣服可以带走皮肤上的水分，产生降温的效果。棉质衣服较吸汗，衣服紧贴着皮肤就会更重，这也就意味着棉质衣服提供的降温效果远远不如那些科技材料。

7. 把水倒在头上。蒸发不仅有助于降温过程，还会令你觉得更凉快。这种心理推进会对动力产生很大影响，也许会帮助你完成一次困难的锻炼。跑步的前一晚冻上一瓶水，跑步的时候带上它。

8. 分段进行短距离跑步。天气炎热的时候进行短距离的跑步是可以的，把这 30 分钟的跑步分为早上 10 分钟、中午 10 分钟和夜里 10 分钟。长跑则应该无论如何一次完成。速度锻炼也应该一次完成，但你可以在天气炎热的时候拆开跑步的距离。

9. 水池小憩或淋浴降温。跑步中，在水池或淋浴浸泡 2~4 分钟确实很有帮助。有些跑步者在天热的时候绕着街区一圈圈地跑，每一圈都会对着水管冲冲头。水池浸泡身体能够缓解人体过高的体温。我曾经在佛罗里达州的跑步场跑步，温度高达 36 摄氏度。我每次都把 5 英里的跑步分成 3 次，每次 1.7 英里完成。每次跑步间隔，我会用 2~3 分钟的时间在池子里"浸泡休息"，然后继续跑步。这样，我只有在每段跑步结束时才会感到热。

10. 防晒。有些跑步者需要通过防晒品保护自己，但有些防晒品在皮肤上的涂层会减少排汗，令体温积聚得更高。如果你每次在太阳下的活动在 30~50 分钟，也许并不需要涂抹防晒品。关于个人的具体需求，请咨询皮肤科医生或找一款不会堵塞毛孔的产品。

11. 每两个小时至少饮用 6～8 盎司运动型饮料或水，或者在口渴和天气炎热的时候（非跑步的时候）一直喝水。在炎热天气跑步的时候，冷水对于大多数人来说是最好的饮料。建议运动中每小时摄入 14～27 盎司的液体。

12. 穿着面料、质地舒适，且宽松合身的衣服。

13. 温度超过 32 摄氏度时，可以更换跑鞋——最好在安装空调的环境里。

热天长跑减速

气温升到 13 摄氏度以上，人体就开始聚积热量，但是大多数跑步者直到 16 摄氏度时才会大幅度地减速。如果能尽早调整速度，你就不会在后来不得不忍受一次性降低很多速度的情况。

中暑警告

尽管你不太可能把自己逼到中暑的情况，但是在炎热（可能还有潮湿）的情况下运动时间越长，你就越有可能达到这种危险的状况。这就是我建议你在炎热的户外跑步时，把运动分成较短小节的原因。要对自己及周围的跑步者对炎热的反应保持敏感。出现一点中暑的症状问题并不大，除非感觉极其痛苦。若同时出现几种中暑的症状，就要立刻采取行动，因为中暑会导致死亡。通过中止锻炼、降温等方式来进行保守一些的训练总是比较好的。

注意，有心血管疾病或心血管疾病病史的人，以及具有大量风险因素的人，应该完全避免在炎热的天气里跑步。

中暑症状

- 头部聚积很多热量
- 全身整体过热
- 十分头疼
- 十分恶心
- 全面混乱和注意力不集中
- 肌肉失去控制
- 出汗过多，然后停止出汗
- 皮肤湿冷
- 呼吸急促
- 肌肉抽筋
- 感觉眩晕
- 心跳不正常或心律失常

中暑风险因素

- 病毒或细菌感染
- 服药——特别是感冒药、利尿剂、腹泻药、抗组胺药物、阿托品和镇定剂，甚至还有胆固醇和血压药。向医生咨询药物问题，特别是在炎热天气里跑步
- 脱水（特别是因为酒精引起的）
- 严重晒伤
- 超重
- 缺乏炎热条件下的训练
- 超过个人习惯的运动量

- 曾经中暑
- 两晚或以上极度失眠
- 特定的医疗状况，包括高胆固醇、高血压、极度紧张、哮喘、糖尿病、癫痫、心血管疾病、抽烟以及普遍缺乏运动

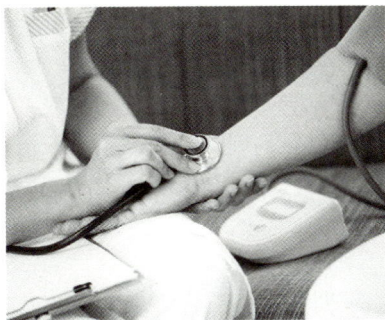

- 用药，包括酒精、非处方药物、处方药物等（在炎热的天气进行运动时，咨询你的医生如何用药）

行动！拨打急救电话

做出最佳判断，大多数情况下，出现两个以上中暑症状的人应该马上转移到凉爽的环境并且寻求医疗救助。最有效的降温方法是把毛巾、床单或衣服用凉水浸透，然后包裹中暑的人。如果有冰，在湿布上撒一些冰。

炎热适应锻炼

如果你规律地强迫自己来对抗体内热量的聚积，就会稍微适应这种压力。虽然你永远都不会感到舒服，但在你保持对酷热的适应时，能够用体力完成热天里的跑步，在比赛中更有竞争力（如果你愿意），并且恢复得更快。就所有的训练组成部分来说，规律是最重要的。尽管出汗量和出汗时间是个人问题，但是在锻炼结束时应该出一些汗。如果天热得令人难以忍受，就减少运动量。不要让自

己进入中暑的开始阶段。在运动前要向医生咨询清楚。具有心血管风险的人不应该进行这项锻炼。

> 重要提示：如果你感到自己开始出现反胃、注意力不集中或失去意识的情况，就中止锻炼。

如何锻炼

· 在短距离跑步日一周进行一次这项锻炼

· 采用平时的跑走结合比例，轻松配速

· 5 分钟健步走热身，5 分钟健步走放松

· 温度在 22 ~ 27 摄氏度时效果最佳

· 出现反胃迹象及其他中暑症状时应中止锻炼

· 温度低于 19 摄氏度时，加多层衣服来模仿高温

· 第一节：在炎热的情况下仅跑走 3 ~ 4 分钟

· 接下来每一节连续增加 2 ~ 3 分钟

· 最多增加到 25 分钟——不要中暑

· 规律性对保持适应性很重要。一周锻炼一次

· 如果你错过了一周或者一周以上的锻炼，显著降低运动量、重新积累

备注：在冬天保持耐热性。

通过增加超过个人需求的多层衣着，保持自己对夏季酷热的调节，这种调节也需要很多努力才能生成。多层衣着会令你在跑走结合的初始 4 ~ 6 秒钟内开始出汗。持续跑 12 分钟，或者按照上面的提示逐渐适应。

出现问题的原因

快结束时，时间在变慢

- 长跑的时间不够长或速度不够慢
- 在比赛开始跑得过快（年长跑步者往往会戏剧性地在后半段加速跑）
- 健步走间隔应该更频繁
- 你也许会训练过度；取消一到两周的速度训练——隔一天跑一次
- 在速度训练中，开始时跑得慢一些，训练结束的时候拼命地跑
- 速度训练重复的长度缩短一半，然后跑两次达到同样的效果
- 也许是温度和湿度的问题，在起点尽量降低速度

比赛中降低速度

- 可能因为在起点跑得太努力了，在比赛的前 1/3，每英里都将速度降低几秒
- 更多健步走间隔
- 速度训练中，在开始跑得慢一些，然后在训练的中间加速

结束时的反胃

- 一开始跑得太快了
- 气温超过 17 摄氏度
- 比赛或锻炼前吃得太多（或喝得太多）
- 吃错了食物，最常见的是脂肪、油炸食品、乳制品和高纤维食物
- 跑步中吃或喝得过多
- 如果运动型饮料引起跑步中的反胃，用水作为替代液体

锻炼中的疲劳

- 缺乏维生素 B
- 缺铁，可以测试血清铁蛋白
- 进食的蛋白质不够
- 运动前低血糖，可以通过白天多餐、跑步前 30～60 分钟进食零食来缓解
- 前一次跑步完成的 30 分钟内没有进食（重储肌肉糖原）
- 进食过多脂肪，特别是在跑步前或跑步后

- 每周跑步日数过多
- 长跑时跑得过于辛苦
- 所有跑步日都跑得很辛苦
- 从一开始跑步就没有采取足够的健步走间隔

没有得到改善的原因

1. 训练过度，感到劳累——如果是这样，减少训练，需要的话增加一个休息日

2. 目标好高骛远，远远超过个人能力

3. 错过一些锻炼，又或者训练得不规律

4. 气温也许在 14 摄氏度以上。此时，你应降低速度（距离越长的比赛，热度上升的效应越大）

5. 使用不同的测试场地时，其中一个场地也许测量不准确

6. 在锻炼或比赛的前 1/3 段跑得过快

不良反应及对策

侧边痛

　　这种病痛非常常见，并且通常有一个简单的解决办法。正常情况下并不需要为这种病痛过分担心，它只是有点疼。这种情况是由两个因素造成的：缺少深呼吸和在跑步的开始阶段速度过快。你可以很容易地纠正第二点，以健步走起步，并且在跑步的前几分钟内尽量降低速度。

　　在跑步的起步阶段深呼吸可以防止侧边痛。以这种方式吸入的空气可以送到你的肺部底部，也被称为"腹式呼吸"，我们在睡觉的时候就是这样呼吸的，它可以使氧气的吸收达到最大化。如果你在跑步的时候没有深呼吸，将无法得到足够的氧气，这样你就会侧边痛。通过减速、健步走和深呼吸，这种痛就会消失。但有些时候它并不会消失。大部分跑步者会继续带着侧边痛跑下去。以我 50 年的跑步和帮助别人

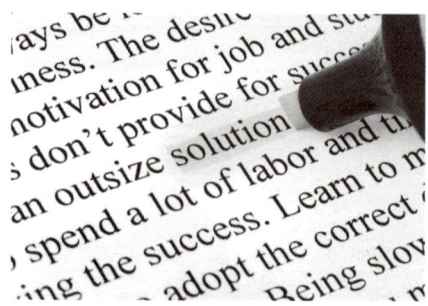

跑步的经验，我从来没发现带着侧边痛跑步有长期的副作用，它只是有点疼。

小秘方

　　一些跑步者发现如果在侧边痛的时候，用痛的这一侧的手紧握一块石头用力挤压 15 秒钟，侧边痛就会消失。坚持挤压 3～5 次，同时深呼吸。

　　你没必要用最大力去呼吸。就是一个简单的呼吸，但是要把空气送到肺部深处。当你发现腹部在吸气和呼气的时候上下起伏，动作就做对了。如果只是胸部上下起伏，那仅仅是很浅的呼吸。

　　注意，吸气和呼气不要太快。这可能导致换气过度，眩晕，昏厥。

头一天感觉很好，第二天却很难受

　　如果你能解决这个问题，就会成为一个非常富有的人。有一些常见因素会造成这种情况，但是你的身体总会遭遇"那些天"，即身体状况好像不对头，或者感觉重力比通常情况更重，并且你根本找不到原因。你应该继续在你的日志里寻找造成这种情况的原因。如果这种情况一周发生了好几次，你可能需要在训练计划里加入更多的休息，或者去医院检查一下。

1. 坚持训练。大部分情况下，这种感觉只是一天的偶然事件。大部分跑步者会通过在训练中加入更多的健步走，降低速度来完成训练。在进行速度训练之前，一定要确定造成这种"不良"反应的原因不是病理原因。我曾经在前几英里或者前几组速度训练感觉非常差的情况下完成了跑步训练的最好成绩之一。

2. 天气热和湿度大会让你感觉更糟。在气温低于 14 摄氏度的时候你会感觉良好，但是当气温高于 21.5 摄氏度或湿度很高的时候，你就会感到难受。

3. 低血糖也是导致跑步训练中感觉难受的一个因素。在开始阶段你可能还感觉不错，但是突然就发觉自己好像没有能量了，每一步都非常艰难。

4. 精神动力不足。使用在前面章节中介绍的预演技巧，来帮你度过这糟糕的一天，或者帮你在天气情况不佳的情况下继续跑完全程。这些技巧已经帮助过无数的跑步者来改变他们的想法，即使是在跑步的半途中。

5. 感染可以导致你感到昏昏欲睡，乏力，无法保持几天前可以轻松达到的速度。常见的症状包括发烧、畏寒、淋巴腺肿大、早晨高心率，等等。

6. 药物和酒精，即使是前一天服用的，仍然会造成宿醉，这可能不会影响你生活的其他方面，却会影响你的跑步训练。医生和药剂师应该告诉你这些药物对剧烈运动产生的作用。

7. 一个缓慢的起跑过程是造就感觉良好的一天和感觉糟糕的一天的关键。当你的身体处于疲劳或其他压力的边缘时，每英里仅仅步行或者跑快了 5～10 秒，都会导致难受或者更严重的症状。在你感到过于疲劳前快速地调整到稍慢的速度，可以避免这种情况的发生。

8. 咖啡因可以帮助你，因为它能够让你的中枢神经系统运

转。在跑步之前一个小时喝一杯咖啡，我会感觉更好，我
的腿也会运作得更好。当然，不适合摄入咖啡因的人应忽
略这一条或者咨询医生。

9. 每周多休息一天，特别是当你每周跑 4 天或者 4 天以上的
情况下。

肌肉抽筋

大部分跑步者都会在某个时刻突然出现抽筋。这些肌肉收缩通
常发生在脚部或者小腿，并且在健步走和跑步的时候都有可能发生，
也有可能在运动过后随机地发生。通常情况下，它们会在晚上，或
者当你坐在桌子前面，或者在下午或晚上看电视的时候发生。当你
在跑步的时候发生了严重的抽筋，你必须停下来或大幅度减速。

抽筋的严重程度不同。大部分都不严重，但是某些可能会使
肌肉用力过度导致受伤。放松肌肉，尝试轻柔地按摩抽筋部位。
这样做可以缓解大部分的抽筋症
状。但是极少情况下，这种拉伸
会导致抽筋加重或者拉伤肌肉
纤维。

大部分抽筋是肌肉过度使
用导致的，突然加大运动量，或
者持续地挑战自己的极限，特别
是在天气较热的情况下。检查一
下你的跑步日志里面的速度和里
程，确认你是否跑得过快，或者

跑得过长，或者两者都有。记住当天气热的时候要调整你的速度：当气温超过 14 摄氏度的时候，每升高 2 摄氏度，每英里速度就应该减慢 20 秒。

- 持续跑步增加了发生抽筋的概率。在跑步训练中增加更多的步行休息可以减少抽筋发生的概率或消除它们。一些曾经在连续跑步中产生过抽筋的跑步者，当他们在长跑或者快速跑训练中，每 1~3 分钟的跑步之后进行 1 分钟的慢步走，就不会抽筋。
- 在天气很热时，一瓶很好的电解质饮料可以帮助补充你身体中由于出汗损失的盐分。
- 在一个路程非常长的健步走、慢步或者跑步训练中，持续出汗，特别是当你饮用大量液体时会令体内的钠浓度过低，从而导致肌肉抽筋。如果这种情况经常发生，一种缓冲盐片剂就可以起到帮助。如果你有血压或其他钠浓度的问题，请先咨询医生。
- 很多药物，特别是那些降胆固醇的药物，副作用包括肌肉抽筋。使用这类药物的跑步者如果有抽筋的情况，应该咨询医生并且研究是否有替代药品。

对抗痉挛的几种办法：

1. 热身时间长一些，动作柔和一些
2. 缩短跑步小段，延长健步走小段或增加健步走间隔的频率

3．降低健步走的速度

4．在炎热或潮湿的天气，缩短距离

5．把跑步分割成两小段（但不适用于长跑或速度训练）

6．注意任何会导致痉挛的运动

7．在运动开始的时候服用一片缓冲盐片剂

8．离开地面的时候不要蹬地过猛或弹跳过高

9．在炎热的天气中进行速度训练，在休息间隔的时候多走走

注意，如果有高血压或相似的问题，在服用任何盐产品之前咨询你的医生。

胃痛或腹泻

每一位跑步者几乎迟早都会遭遇至少一次反胃或腹泻。它来自于你生活中积累的所有压力，特别是锻炼中的压力。但压力是每个人自身众多独特情况的结果。你的身体产生反胃或腹泻，令你减少运动，也就是减少了压力。以下是几种常见的原因：

1．最常见的原因是跑得过快或过长。跑步者对此会感到困惑，因为配速在最开始是无法感觉到过快的。每个人都有一个疲劳点来激发这些状况。降

低速度、增加健步走间隔会有助你解决这个问题。速度训练和比赛会快速增加压力。

2. 跑步前吃得过多或过快。身体系统在跑步时不得不努力工作，同时努力地消化食物。两者同时进行的时候，压力升高会导致反胃等现象。胃里有半消化的食物成为胃部额外的压力，也是胃部消化的目标。

3. 进食高脂或高蛋白的食物。即使一餐饭里50%的热量为脂肪或蛋白质，也会在跑步几小时后导致反胃或腹泻。

4. 前一天的下午或晚上吃得过多。晚上的大餐会在第二天早上留在肠胃中。当你在跑步中蹦蹦跳跳时，身体系统的压力就会增加，有时甚至会导致反胃或腹泻。

5. 炎热和湿度是造成这些问题的主要原因。有些人在天气凉爽的时候跑步完全没问题，但是无法适应稍微有点炎热的天气，即使以相同的配速比赛（或速度小节锻炼）也会出现反胃或腹泻的情况。在天气热的时候，每个人的中心体温会上升，从而使人体系统的压力变大，然后导致反胃的情况，有时候是腹泻。降低速度、增加健步走间隔、往头上倒水就能更好地应对这些问题。

6. 跑步前饮用过多的水。如果胃里的水过多，消化系统就会因此产生压力。把水分摄入降到最低点。大多数跑步者在小于60分钟跑之前不需要饮用任何液体。

7. 饮用含过多糖分或电解质的饮料。水是人体最易吸收的物质。额外的糖分或电解矿物质，比如运动型饮料，会令物质更难消化。在跑步过程中（特别是天气炎热），如果你曾经有反胃、腹泻或其他问题，最好只饮用水。冷水最佳。

但是过多的水也会令身体系统出现问题。

8. 在跑步后过快地饮用过多的液体（特别是含糖的饮料）。即使你非常口渴，也不要在跑步后短时间内大口喝下大量的液体。尝试在每 20 分钟内饮用不超过 6 ~ 8 盎司的液体。如果你是容易反胃和腹泻的体质，每 5 分钟喝 2 ~ 4 小口。在身体疲劳和压力大的时候，饮用糖分饮料就不太好了（运动型饮料等）。消化糖分产生额外的压力会导致其他问题。

9. 不要让跑步产生压力。有的跑步者非常沉湎于把跑步定在一个特定的时间。这会对你的生活增加压力的。放松，让跑步来缓解生活中的紧张。当你面临许多"生活压力"时，可以推迟一次速度训练，此时想着加快跑步的速度会提高你的压力水平。轻松地慢跑吧！就应该做自己的主人，而不是被训练计划左右。

注意，如果毫无缘由地频繁出现反胃和腹泻，你应该看医生。

头痛

跑步者在跑步中的头痛可能有几种原因，然而并不常见，普通的跑步者大约一年会头痛 1 ~ 5 次。在艰难的一天，跑步所产生的额外压力会激发头痛。尽管你在跑步中放松自己，这种情况也会发生。许多跑步者发现服用一次非处方头痛药物可以解决问题。像往常一样，在服用药物前先咨询医生。以下是一些原因和对策：

脱水	如果在早上跑步，确保前一天已经充分补水。如果早上跑步且有头痛，避免摄入酒精。如果你正经历头痛，观察头一天晚餐的盐分是否摄入过多。在跑步前一天饮用好的运动型饮料，会有助于保持体内液体的水平、加足电解质。如果在下午跑步，遵照跑步日的跑步建议。如果跑步前一个小时脱水，那么补充超级大量的水分就是无益的——6 ~ 8 盎司就可以了。 服药往往导致脱水。有的药物会让跑步者容易头痛，先咨询医生。
天气对你来说太热	在一天中较凉爽的时间跑步（通常在太阳升起地平线之前的清晨）。若在天气炎热时跑步，在头上倒些水。
在太阳下	尽可能保持在阴凉中，戴上遮阳面罩而不是帽子，确保带子不会太紧。当温度上升到 16 摄氏度以上，不要盖住头部。
跑得有点过快	所有跑步起跑慢一些，在跑步的前半段多健步走。
跑得比最近一次远	监测跑步里程，不要让里程增加超过最近一次跑步的 15%。在增加里程的时候（或在跑任何长跑的时候），确保每英里至少慢两分钟，这样你才能合理地跑马拉松。
血糖水平低	确保你在跑步前 30 ~ 60 分钟内进食零食来推进血糖浓度。如果你已经习惯了，饮料中的咖啡因有时也有助于缓解这种情况，但是咖啡因对于一小部分跑步者来说会引起头痛。
偏头痛	一般要避免咖啡因，并且尽量避免脱水。和医生聊聊其他可能的解决办法。
观察颈部和腰部	如果你在跑步时身体稍微前倾，脊柱就会产生压力，特别是颈部和腰部。

处理受伤的方法

快速治疗贴士

适用于所有受伤情况

1. 暂停跑步或任何运动，休息 3 天，因为运动有可能扩大受伤区域。

2. 避免任何可能恶化伤势的活动。

3. 恢复跑步的时候，把握好跑步的程度，多加一些自由健步走，防止伤痛进一步恶化。

4. 不要伸展身体，除非你的髂胫束受伤。伸展阻碍了大多数伤势的恢复，往往会延长恢复的时间。

肌肉拉伤

1. 致电医生，询问是否需要服用处方类消炎药。一直遵照医生嘱咐服药。

2. 找一位在许多跑步者身上成功发挥作用的运动按摩物理

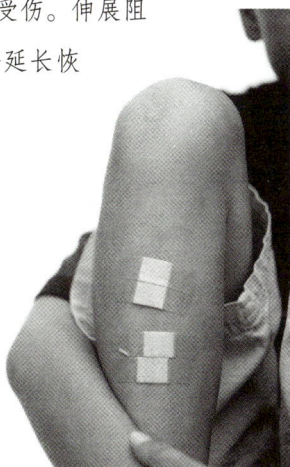

治疗师。

3. 如果 4 天没跑步且没有改善，预约骨科医生检查。

肌腱和脚部受伤

1. 直接在受伤的地方，每晚用一大块冰揉搓 15 分钟（保持揉搓直到受伤区域在大约 15 分钟后变麻）。注意，冰袋和冰凝胶的效果不好。

2. 有时候脚部受伤应该首先用加压冰囊（air cast）治疗，这能稳定脚部和腿部，让伤口开始愈合。

膝盖受伤

1. 同医生确认是否需要服用消炎药。

2. 花一两周时间，将跑步日的跑步改为健步走。在锻炼的同时，令膝盖恢复。

3. 有时膝关节保护带（knee strap）能缓解疼痛。在大多数情况下，你必须尝试了才知道是否有帮助。

4. 检查是否穿着合适的跑鞋（如果脚内翻，可以穿着控制型的鞋）。

5. 如果脚内翻，一个矫正器会有所帮助。

6. 如果膝盖内部疼痛，葡萄糖胺补充物会有所帮助（通常 6~8 周内会生效）。

胫骨受伤

1. 排除压力性骨折。在这种情况下，疼痛会随着你跑步而恶化，但是要医生先检查。患有任何这种骨折，都不应该跑步。

2. 如果疼痛随着跑步逐渐消失，就不用太担心是压力性骨折的问题。这很有可能是胫骨骨膜炎。如果你能把活动保持在不刺激胫骨肌肉的情况，就可以在有胫骨骨膜炎的时候跑步，这种病症也会逐渐消失（最终让医生确认）。

3. 采用更多的健步走间隔，跑得更慢，等等。

边跑边愈合

你可以带着大部分的跑步伤痛继续跑步，同时愈合伤口。但是，你首先必须花些时间停止跑步，让愈合的过程开始。如果在受伤初期，你只需要 2 ~ 5 天的时间。你把解决问题的时间拖得越久，造成的伤害就越多，愈合的时间也越久。在愈合和跑步过程的任何阶段，和医生保持联系，遵照医嘱，也利用自己的最佳判断。

一旦你恢复了跑步，就要确保运动程度不会恶化伤痛。换句话说，如果在跑 2.5 英里以后感到一点点疼痛，3 英里以后就会开始受到更多的伤害，因此你的跑步里程就不能超过 2 英里。如果健康时的跑走结合比率是 3 分钟跑步 1 分钟健步走，你应该恢复到 1 分钟：1 分钟、30 秒：30 秒或 30 秒跑：60 秒走的比例。

坚持跑步日之间休息一天。你可以带着大部分伤痛进行交叉训练来维持调节性，但是确保伤痛可以容许你这么做。再次向医生征求意见。

维持跑步状态的最佳交叉训练模式

在做任何这类的训练之前要向医生征求意见。大多数的训练对于大部分伤痛来讲是可以接受的，但是有些训练可能会有刺激到伤痛区域的风险，从而延误愈合过程。逐渐积累交叉训练，因为你不得不逐渐调节这些肌肉。如果伤痛和医生都允许你健步走，它也是维持状态的一种最佳方法。

- 水中跑步（能改善你的跑步姿势）
- 跑步机
- 健步走
- 划艇机
- 椭圆机

膝盖疼痛治疗建议

如果你能够立刻停止跑步并休息 5 天，大多数的膝盖问题就会消失。咨询医生是否能使用消炎药。尝试找到造成膝盖问题的原因。确保跑步场地没有斜坡或斜面。如果前脚掌的内侧有磨损，你很有可能是脚内翻。如果膝盖疼痛的问题反复出现，你可能需要一个足部支撑器或直立矫正器。如果膝盖骨下方疼痛或有关节炎，葡萄糖胺或软骨素会有所帮助。

膝盖疼痛之外——髂胫束摩擦综合征

这种筋膜束是大腿到膝盖下方腿部外侧的肌腱。最常见的疼痛在膝盖外部，但有些疼痛也会沿着髂胫束而出现。我认为这是"摆动伤害"。当跑步的肌肉劳累时，它们将无法令你保持直立的跑步姿势。本来髂胫束会尽力限制摆动的幅度，但是它不起作用了。随着跑步继续进行，你的摆动动作会过度使用髂胫束。我从大多数跑步者和医生那里得到的回馈是：一旦开始愈合（通常在停止跑步几天以后），大多数跑步者不论是持续跑步还是彻底休息，愈合的速度都一样快。在这种情况下，最关键的是无论如何都应该得到医生关于跑步的批准，再保证运动程度不会进一步恶化伤痛。

髂胫束的治疗方法

1. 拉伸：拉伸髂胫束能释放会造成疼痛的紧绷。髂胫束受伤，你可以在跑步前、跑步后甚至跑步中进行拉伸。拉伸的主要目的是在髂胫束紧绷的时候能够令你跑步。

2. 用泡沫轴自我按摩：泡沫轴已帮助数以千计的跑步者解决髂胫束的问题。把泡沫轴放在地板上，躺在上面用身体的体重来挤压和滚动疼痛的区域。在跑步之前用泡沫轴进行滚动有助于身体热身，跑步之后用泡沫轴来滚动往往能令伤痛恢复得更快。

3. 按摩疗法：一位好的按摩治疗师会分辨按摩是否有效以及按摩的位置。有两个可能需要注意的地方：结缔组织紧张的连接关节及不同地方的筋膜带。按摩棍是自我按摩的装置，也能够帮助许多跑步者在跑步的时候改善髂胫束的问题。有了泡沫轴，就能有助于跑步前热身相应的区域，并且在跑步后伸展开。

4. 健步走：保持短小的步幅。

5. 直接在疼痛的地方用冰按摩：每晚连续按摩15分钟。

胫骨疼痛——胫骨骨膜炎或压力性骨折

胫骨区域的疼痛基本上暗示了一个叫作胫骨骨膜炎的小问题，它能在跑步和健步走的时候愈合。这种伤痛中最大的痛苦或问题出现于跑步或健步走开始的时候，随着你继续跑步和健步走，疼痛就会逐渐消失，（最少）几周以后就能完全恢复，所以必须有耐心。

1. 内部疼痛：胫骨后侧疼痛。从脚踝以上的腿内侧疼痛称为后胫骨骨膜炎，往往是由于脚内翻导致的（脚在离地的时候向内转）。
2. 胫骨前端：前胫痛。当疼痛聚集在小腿前方的肌肉时，就是前胫骨骨膜炎。这往往是由于跑步，特别是健步走时步幅过大而导致的。在愈合的过程中应尽量避免下坡的地形。
3. 压力性骨折：如果疼痛的位置非常具体并随着跑步加剧，你可能有一个更严重的问题：压力性骨折。对于一周跑步三天和进行速度训练的老练运动员来说，这是一个越来越普遍的问题。如果运动过量、过快，也会出现这个问题。压力性骨折说明骨质疏松和缺钙。如果你不确定是否是压力性骨折，就不要跑，也不要对腿部施力，让医生来检查。压力性骨折的恢复要求几个星期不能跑步，而且在头几个星期必须打上石膏。

脚跟疼痛——跖腱膜炎

最有效的治疗办法是在早上迈开第一步之前，穿上具有支撑性的鞋子。

当你在早上迈开脚健步走的时候，就能感受到这种很常见的伤痛（疼痛位于脚后跟里面或中心）。随着你的热身运动，疼痛逐渐消失，只会在第二天的早上再次出现。最重要的治疗方法是起床后穿上具有支撑性的鞋。确定在跑步专业用品商店已经"验鞋"，从而保证你为双脚选择了一双合适的鞋。如果全天都感到疼痛且痛苦，你应该咨询运动科医生。通常医生会围绕足弓和后跟为脚建立起一个支架，而并不需要一个非常坚硬的矫正器。一个稍微柔软的、专门为你的脚而设计的矫正器就能起到很好的效果了。

"脚趾紧缩"练习有助于培养支撑脚的脚部力量。只要用脚趾支着脚板几秒钟，直到快要抽筋为止。坚持几星期以后就会有效。这种伤也允许在愈合的时候跑步，但要询问医生的意见。

痛风——脚趾关节痛（脚踝、脚压痛）

伴随肿胀

大脚趾关节肿胀伴随疼痛是脚部尿酸聚积的结果。脚踝也许也会感觉到疼痛，前脚掌则伴随大量的衰弱性的压痛。主要原因是酒精和蛋白质（特别是红肉）摄入过多，呈脱水状。有些有效药物可以解决这个问题。

脚的后部——跟腱

跟腱是连接足跟和小腿肌肉的那条窄窄的肌腱带。肌腱是人体机械系统里非常有效率的一部分，就像一根结实的橡皮筋，使脚部充满弹力，小腿肌肉并不需要过多用力。跟腱受伤往往是因为跑步或拉伸运动中的过度拉伸。首先，避免在任何活动中以拉伸的方式来伸展跟腱。所有的鞋都让脚后跟稍微提起一点，有助于改善跟腱受伤，因为可以减少移动范围。每晚用一大块冰直接摩擦跟腱表面。摩擦大约 15 分钟，直到跟腱完全麻木。冰袋和冰凝胶在我看来是没有任何好处的。一般来说，停止跑步 3～5 天，冰敷的效果就能持续，脚后跟会一天天觉得更强壮。以我的经验来看，消炎药对跟腱基本不起任何效果。

髋部和腹股沟疼痛

有各种各样的因素会令髋部受伤加剧。髋部并不是跑步的主要移动工具，只有在腿部肌肉很累的时候，你又持续地施力，髋部才会被滥用。髋部也许会被强迫做更多的工作，而且必须做出本来不该做的许多剧烈的移动。向医生咨询处方类消炎药，因为它能加快恢复速度。避免加剧这块区域伤痛的拉伸和任何活动。

小腿肌肉

小腿肌肉是跑步中最重要的肌肉。它往往会在速度练习中受到刺激，因为以下原因而受到伤害：拉伸、疲劳时跑步过快、缺乏休息、过多的速度训练及比赛或锻炼的最后冲刺。

根据运动员和我自己的体验，深层组织按摩是解决小腿肌肉问题的最佳治疗办法。尽量找一位经验丰富、帮助过许多有小腿肌肉问题的跑步者的按摩治疗师。过程很痛苦，但有时它是唯一一个能消除肌肉生物损害的办法。按摩棍可以在每天的基础上使用，非常有利于小腿肌肉摆脱损害。

　　不要拉伸！拉伸会磨损正在试图恢复的肌肉纤维。避免在斜坡上跑步，当你恢复跑步的时候增加健步走间隔的频率。

选择一双最舒服的跑鞋

　　如果附近有一家不错的跑步专业用品商店，就去吧。来自经验丰富试鞋者的建议将是无价之宝，特别是如果你有个人的脚部问题，对于大多数年龄超过 49 岁的跑步者来说，这里有一些有帮助的贴士。

　　首先，看看你最常穿的健步走鞋或跑鞋的磨损类型。利用以下指引帮你自己在 3 ~ 4 双鞋中选择。

脚下垂

　　脚下垂会产生磨损点。特别注意前脚掌内侧的磨损程度。如果有点状的磨损，以及脚疼或膝盖疼，尝试一些有最小软垫的鞋或专门设计用来控制运动的鞋。

脚内翻

　　这种磨损类型通常会在前脚

掌的内侧出现大量的磨损。如果你的膝盖或髋部疼痛，寻找一双有"结构"或运动控制能力的鞋。如果没有疼痛，寻找一双普通的、前脚没有很多软垫的鞋即可。

脚僵硬

如果在鞋前脚的外侧有磨损而内侧无磨损，很有可能你的脚僵硬，可以选择一双普通的、在你穿着它跑步或健步走时能提供足够的软垫和灵活性的鞋。

如果你无法判断

选择普通或能够提供中等软垫和支撑的鞋。

选鞋贴士

1. 至少花 30 分钟来挑选出你的下一双鞋，要把已经选择的三双鞋再进行比较。
2. 带一双磨损最严重的鞋、鞋支架和穿过的袜子，以及一双你觉得最舒适的鞋。
3. 在人行道的表面上跑和走，注意每双鞋的差别。如果你有脚下垂，确保得到你需要的支撑。
4. 你想要的那双鞋应该在穿着的时候感觉自然——没有压力或压迫，同时允许双脚有跑步需要的移动范围。需要运动控制的跑步者应该感觉到鞋能够提供坚实的支撑。
5. 在做决定之前花与上述过程相同的时间试穿新鞋。

6. 如果商店不让你穿着鞋试跑，就换一家。

按照穿着的舒适度而非鞋盒上的号码来判断。确保你在试穿的过程中是站立在鞋子里的，同时测量一下脚趾区域需要多少额外的空间。选择令你双脚穿着最舒适的号码。

大多数跑步者的跑鞋尺码要比平时逛街的鞋大约 2 号。例如，我通常会穿 10 号的鞋逛街，但跑步时会穿 12 号的鞋。不要拘泥于印在鞋盒上的尺码，多尝试找到最适合自己的鞋。

宽度问题

- 跑鞋往往会比一般上街的鞋要宽一点。
- 如果你的脚稍微窄了一点，通常通过系鞋带就能让鞋子贴脚。
- 在天气炎热的时候，普通跑步者都会穿大一码半的鞋。再次强调，每只鞋都要留出一点额外的空间。
- 整体来说，跑鞋的设计是用来把握一定程度的"松散度"。但是如果穿着松散的鞋会让你起水泡，就系紧鞋带。
- 一些鞋业公司已在鞋的宽度上精斟细酌。
- 如果你脱鞋的时候会带起鞋的边缘，就说明鞋子太紧了。

女性用鞋

女性的鞋通常比男性的鞋要稍微窄一些，后脚跟往往也小一点。跑鞋的主要品牌，在男式和女式的质量上是一样的。约有 25% 的女性跑步者的脚更适合穿着男式的跑鞋。通常女性在穿着大号鞋的时候会感到困惑，但较好的跑鞋能帮你解决这一方面的问题。

逐渐习惯新鞋

- 一周内每天穿新鞋绕着房间至少走一小时。如果你一直踩在地毯上，感觉鞋子不舒服，可以在商店里更换。但是如果鞋上有磨损、污渍等，极少有商店会回收。
- 在大多数情况下，你会发现鞋穿起来已经舒服到可以立刻跑步了。最好再穿着鞋持续走一走，逐渐让足部适应后跟、脚踝垫，做出其他调整。如果你过早地穿着新鞋跑步，最常见的后果就是出水泡。
- 如果在健步走的时候没有摩擦问题，你可以穿着新鞋在 2 ~ 4 天内逐渐增加健步走运动量。
- 在穿着新鞋第一次跑步的时候，只跑半英里。然后穿上旧鞋继续跑。
- 在每一次跑步的时候，穿着新鞋在第 3、4 节跑步中延长距离。这样，你就会慢慢适应新鞋。

怎样知道是时候换新鞋了呢

1. 当你已经成功试穿新鞋达 3 ~ 4 周时，再买一双型号、做工和尺码等完全一样的鞋。这么做的理由是：鞋业公司往往每隔 6 ~ 8 个月就会对鞋型做出重大调整或停止供应该鞋的鞋型（即使是成功的鞋型）。
2. 穿新鞋在房子周围走几天。
3. 逐渐适应新鞋后，穿新鞋跑每周跑（新鞋适应日）的头半英里，然后换上已经适应了的那双鞋。
4. 在本周对比了两双鞋后，穿新鞋逐渐跑得多一点。

5. 几周以后你会注意到新鞋的弹跳性比旧鞋要好。

6. 在原来那双鞋穿破之前转移到新鞋。当原本的那双鞋的支撑力不那么好时，你就会增加受伤的机会。

7. 开始逐渐适应第三双鞋。

衣着温度计

　　根据多年在各种气候下辅导跑步者的经验，对于最合适的衣着，我的建议是以温度为基础。第一层因为贴着你的皮肤，所以应该是感觉舒适、具备扩散皮肤表面水分的设计。也许你还得忍耐不能买时尚的颜色——毕竟功能才是最重要的。在商店里试穿衣服的时候，注意缝合处及身体会产生摩擦部位（腋窝、两腿之间）的额外用料。

　　棉质对于大量出汗的人来说往往不是好材料。棉质吸收汗液，然后贴着你的皮肤，会增加你在跑步中必须携带的重量。标签说明由 Polypro、Coolmax 和 Drifit 布料制成的服装不仅能在冬天保留足够的身体热量令你温暖，同时会释放额外的重量。通过转移服装外面的水分，这些科技布料可以让你在享受夏天凉爽的同时避免冬天的寒冷。

温度	穿着
14 摄氏度	紧身背心或汗衫，短裤
9～13 摄氏度	T恤和短裤
5～8 摄氏度	长袖轻盈衬衣、短裤或紧身衣（或尼龙长裤），露指手套和分指手套
0～4 摄氏度	中等重量的长袖衬衫和T恤、紧身衣、短裤、短袜，露指手套和分指手套，一顶护耳帽
−4～−1 摄氏度	中等重量的长袖衬衫和T恤、紧身衣、短裤、短袜，露指手套和分指手套，一顶护耳帽
−8～−3 摄氏度	中等重量的长袖衬衫和中等或偏重的T恤、紧身衣、短裤、短袜、尼龙风衣、上衣和裤子，厚的露指手套和一顶护耳帽
−12～−7 摄氏度	两件中等重量到偏重的长袖上衣，厚紧身衣，厚内衣（特别是男性），中等重量到偏重的热身衣，滑雪面罩，一顶护耳帽，并给暴露的肌肤涂抹凡士林
−18～−11 摄氏度	两件中等重量的长袖上衣、紧身衣和厚的紧身衣，厚内衣（男性支撑器），分指手套外面套上露指手套，厚厚的滑雪面罩，一顶护耳帽，给暴露的肌肤涂抹凡士林，在需要的时候穿上更厚的袜子和其他足部保护工具
−20 摄氏度	按照需要添加层次

不要穿什么

1. 冬天穿一件厚大衣。如果穿衣层次过厚，你会热起来、大量出汗而且在脱下衣服的时候容易着凉。

2. 男性夏天不要穿着衬衣。吸收水分的布料会让你在跑步和健步走的时候感到更加凉爽。

3. 涂过多防晒品，它会阻碍排汗。

4. 袜子对于夏天来说太厚了。跑步时双脚肿胀，袜子的压力会增加黑指甲和水疱的风险。

5. 石灰绿色配亮粉色波点衬衣（除非你超级自信或者跑得很快）。

特殊情况

莱卡和其他布料可以减少摩擦。许多跑步者通过使用莱卡布料（单车紧身衣）作为内衣来减少腿部之间的摩擦，这些产品也称为"莱卡短裤"。市面上还有皮肤润滑剂。

有些男性会遭受到乳头疼痛。在胸部穿着光滑的布料就能减少这种状况。

有助跑步的产品

按摩棍

这个按摩工具能帮助肌肉更快地恢复，它常常可以加速受伤肌肉和髂胫束（位于大腿的外面，膝盖和髋骨之间）恢复的速度。这种装置可以令腿部肌肉发热，降低肌肉和肌腱的疼痛。在按摩中和按摩后，可以促进血液流通，减少肌肉恢复的时间。

在小腿肌肉上使用按摩棍（最重要的是在跑步中），从跟腱开始敲击，沿着腿一直滚到膝盖。轻轻地滚回原处再继续重复。头5分钟轻柔地滚动会令血液流动到这一区。在"向上"的敲击中，逐渐增加小腿肌肉的压力，你往往会发现肌肉中的一些点或疼痛的地方。关注这些地方，在这些地方多次滚来滚去，渐渐分散紧张度。

泡沫轴——为髂胫束和髋部自我按摩

这个高密度泡沫的圆柱体，直径为6英寸，长度为1英尺。我还没有发现任何比它治疗髂胫束受伤的更有效的办法。为求最好的效果，把轴放在地板，侧躺着让受刺激的髂胫束区域在滚轴的上面。当身体体重随着滚轴向下压，滚轴在你希望治疗的腿部区域上滚上

滚下。轻柔地滚动 2～3 分钟，
然后按照需要施加更多的压
力。这实际上是一次你自己
可以执行的深层组织按摩。
对于髂胫束，我建议在跑前
和跑后进行按摩。

Cryo-Cup——冰块按摩的最佳工具

　　在疼痛区域（靠近皮肤的地方）用一大块冰块按摩是非常有效
的疗法。我知道几百个跟腱有问题的案例都是通过这种方式恢复的。
Cryo-Cup 是一个非常方便的装置，用于冰块按摩。塑料杯的顶端盖
着一个塑料环。装满水，然后冷冻。当你在接近皮肤的地方感到疼
痛的时候，把杯从冰箱里拿出来，在杯子周围倒上温水解冻，然后
抓牢塑料把手，就像冰的"棒冰"一样。在受伤区域连续摩擦约 15
分钟，直到肌腱麻木。用完后，再装满杯子，放回冰箱里。我的个
人经验是，用冰袋或冰凝胶产品来摩擦，完全没有效果。

"你能做到"的激励 CD

　　在你驾车去跑步的时候，把它放到车载播放器里。当你懂得如
何处理左脑中的负面信息，学习了战略和方法后，你会受到故事的
鼓舞，并且发挥潜力。

维生素

　　我认为大多数的跑步者需要好的维生素来增强免疫系统，对抗感染。有证据显示服用适合的综合维生素也能够加快恢复速度。

缓冲盐片剂——减少抽筋

　　如果你在长跑或艰苦跑步上因为盐分的消耗而肌肉痉挛，这种产品就会有所帮助。缓冲了的钾和钠药片会更快速地进入系统。一定要向医生咨询这种产品是否适合自己（尤其是患有高血压的人）。如果你因为胆固醇问题而服用抑制素药物，而且在抽筋，就很难说这种产品是否对你有所作用。在长跑前咨询医生可以对药物做何调整。

训练的首要因素

接下来的内容在本书的前面描述过，他们就像健全系统中的组成部分，混合在一起创造出一个健康的、比零件综合更棒的系统。不要尝试把这两个或两个以上的元素结合在一起，除非他们已经列在日程表上了。例如，你可以把加减速跑和步频练习作为速度小节或斜坡小节前的热身运动。但如果你以任何方法来在长跑中加速，那么会延长恢复时间，也会伤害到自己。

长跑：长跑的时候速度要非常慢，比你按照预测的"神奇英里"跑马拉松的时候每英里至少慢 2 分钟。把本书中"跑—走—跑"章节建议的健步走间隔加进来。你不能在长跑上跑得过快。较慢的长跑可以建立起快速长跑的耐力，而几乎没有受伤或晒伤的风险。

练习：步频练习和加减速跑练习。这些简单的练习会教你按照跑步机械原理改善跑步的姿势。大多数跑步者说练习激励了普通的跑步。一周一次一组练习就能提高速度和跑步效率。

"神奇英里" 时间实验

- 去一个跑道，或其他可以精确测量长度的场地。

- 健步走 5 分钟热身，然后跑 1 分钟，走 1 分钟。轻松慢跑 800 米（半英里或田径场的 2 圈）。

- 做 4 组步频练习（CD）和 4 组加减速跑联系。这些都列在"练习"章节里。

- 健步走 3 ~ 4 分钟。

- 跑 1 英里——遵照"预测成绩"章节中的健步走间隔的建议。

- 在第一次比赛的时候，不要在起点跑得竭尽全力。在完成全部距离的 1/3 以后，轻松达到配速。每一个连续的时间实验中，都尽量超越上次一跑步的时间。

- 通过反转热身运动作为赛后休息。

- 学校跑道是最佳场地。不要使用跑步机，因为跑步机往往都没有校准，显示的数据比你实际的数据跑得远、跑得快。第一圈跑得稍微比你认为的平均速度慢一些。建议做一个短的健步走间隔。最后一圈气喘吁吁也是可以接受的。如果你在最后一圈降低速度，在下一次跑步开始的时候跑慢一点。当你完成的时候，应该感觉到无法以相同的配速再多跑半圈了（如果如此）。

速度：在速度训练中逐渐增加，令你对自己选择的显示目标做好准备。见本书"成熟和更快的步伐"章节。

节奏和配速小段：这些一段段的跑步均在短距离跑步（不用于长跑）的中间，按照你的目标比赛配速。以比赛配速跑步，按计划采取健步走间隔，将其加入到比赛中。这就好像比赛日的彩排一样。完全遵照你在比赛中的计划练习，你所有的身体功能就会为这个大日子做好准备。

- 5 分钟健步走热身，然后 10 分钟轻松跑和健步走。
- 为自己计时一段，距离为 0.5 ~ 2 英里。
- 以目标配速跑步。
- 按照计划中的比赛一样加入健步走间隔。
- 小段跑步完成 1~3 英里。
- 如果腿很疲惫就不要做了。
- 反转热身运动作为赛后休息。

跑道距离

跑道一圈是 400 米，大约是 0.25 英里。800 米大约是 0.5 英里，或者绕着跑道两圈。1 英里是绕着跑道 4 圈，多了几码。

图书在版编目（CIP）数据

不受伤，跑到100岁 /（美）杰夫·盖洛威著；尹芳
译. -- 南昌：江西人民出版社，2017.9

ISBN 978-7-210-09623-8

Ⅰ.①不… Ⅱ.①杰… ②尹… Ⅲ.①跑—运动训练
法 Ⅳ.①G822.02

中国版本图书馆CIP数据核字(2017)第186703号

《不受伤，跑到100岁》
Original Edition@2007 by Meyer & Meyer Sport (UK) Ltd.
Fourth Edition@2011 by Meyer & Meyer Sport (UK) Ltd.
© 2012商务印书馆（香港）有限公司
本书由商务印书馆（香港）有限公司授权简体版，限在中国大陆地区出版发行
《Jeff Galloway 跑步训练手册》
Original Edition@2005 by Meyer & Meyer Sport (UK) Ltd.
Fourth Edition@2011 by Meyer & Meyer Sport (UK) Ltd.
© 2013商务印书馆（香港）有限公司
本书由商务印书馆（香港）有限公司授权简体版，限在中国大陆地区出版发行

本书中文译文由商务印书馆（香港）有限公司授权使用

版权登记号：14-2017-0357

不受伤，跑到100岁

编著者：〔美〕杰夫·盖洛威　译者：尹芳
责任编辑：冯雪松　温发权　特约编辑：徐娇　张冰子　筹划出版：银杏树下
出版统筹：吴兴元　营销推广：ONEBOOK　装帧制造：墨白空间
出版发行：江西人民出版社　印刷：北京中科印刷有限公司
889毫米×1194毫米　1/32　7印张　字数160千字
2017年10月第1版　2017年10月第1次印刷
ISBN 978-7-210-09623-8
定价：38.00元
赣版权登字-01-2017-583

- -